青春文庫

自分の中に孤独を抱け

岡本太郎

JN184178

青春出版社

ひとはなんのために生まれてくるのか。
なぜ生きているのか。
闘うためだよ。
闘う孤独者であること。
それがほんとうの純粋だとぼくは思う。

自分の中に孤独を抱け　目次

第一章　人生のドラマは、いつだって自分が中心だ　7

第二章　「挑み」をやめた瞬間から老人になる　37

第三章　人生は不純なものとの闘いだ　71

第四章　人間は樹に登りそこなった　95

第五章　創造すること、それは人間の本能的な衝動だ　141

第六章　ぼくは抵抗する。その決意はますます固い　179

構成者の言葉　岡本太郎という生き方　平野暁臣　216

プロデュース・構成　平野暁臣

第一章

人生のドラマは、いつだって自分が中心だ

孤独を悲壮感でとらえるな

人間は、孤独になればなるほど人間全体の運命を考えるし、人間の運命を考えた途端に孤独になる。

だから人間一人ひとりが孤独でなければいけない。それが人間の矛盾律だ。

ひとはみな、この社会、集団のなかに生まれ、社会的存在として生きている。だが同時に、徹底的に孤独な存在だ。ひとはだれもが〝みんな〟であると同時に孤独なんだ。

みんな孤独を誤解している。孤独というと、すーっと首を引いて、ちくしょうと思っていても人前ではおくびにも出さず、ひとの見えないところで悔しがったり、薄暗いところでひとりしょんぼりしたり、すーっと身を潜めることだと思っている。

ぜんぜんちがうよ。

孤独とは、しょんぼりしたり、がっかりしたり、自分の身を引くことじゃない。〝ぜんぶ〟の上に覆いかぶさり、みんなの運命、全人類の運命を背負《しょ》い込む。それがほんとうの孤独だ。

世界即己れ。そう考えて、人間全体の運命を背負い込もうと決意する。それが十余年のパリ生活の終わりにぼくが到達した結論だ。

もうひとつ、これも誤解が多いが、孤独と単独はちがう。孤独であるってことは、全体であるということ。単独はそこから逃げちゃうこと。

これまで日本では、純粋の保ち方として逃げることが是《ぜ》とされてきた。単独者が純粋だと思われてきた。

でもそれはちがう。純粋とは逃げることじゃない。

そうじゃなくて、みんなと対決すること、挑むこと、闘う孤独者であること。それがほんとうの純粋だとぼくは思う。単独であっちゃいけない。

そして、それを積極的にうち出していけば、おのずと孤独になる。

もしキミが、会社という孤独さえ感じられないようなシステムのなかにいるなら、レジャーのときに徹底的に孤独になることによって、自分を見返し自分と闘う、そういう方法だってある。キミにだってできるんだ。

現在のシステムが膨張していくほど、さらに絶望的な状況になるだろう。

これから大事なことは、生産を拡大させるだけでなく、それに見合った人間存在、すなわち政治や経済に対する人間＝芸術という存在と、その誇らかな孤独を一人ひとりが確認し、その孤独者が集まって、ぶつかりあうことだ。人間同士触れあうことによって、人間は確立されるんだからね。

自分はひとりぼっちだとか、自分だけが苦労している、なんて自分ひとりで孤独を味わうんじゃなくて、孤独な人間がどんどん集まって、巨大な「孤独な人間像」をつくりあげるべきだ。そうすることによって、政治、経済、人間の不思議なバランスもとれる。

人間的なモメント、孤独のモメント、それに挑むこと、闘うこと。世界全体を相手にフェアな闘いを挑むこと。つまりは自分自身と闘うこと。

人間がいちばん人間的なのは、孤独であるときなんだ。だからぼくは言いたい。

孤独を悲壮感でとらえるな。

孤独こそ人間の現実的なあり方であって、狭い、特殊な状況じゃない。人間全体、みんなの運命をとことんまで考えたら、ひとは必然的に孤独になる。孤独であるからこそ、無限の視野がひらける。

とことんまで自分を突きつめ、それに徹しきれば、その究極に豁然《かつぜん》と、人間全体の同質的な、一体となった世界が展開する。

それが人間の誇りだ。

「誕生」とは、たったひとりの自分を発見すること

ぼくたちは最初、数億の兄弟と一緒に世の中に飛び出した。数億が駆け足をして、いちばん先に胎内の卵に飛び込んだ者だけが生き、あとは死ぬ。戸が閉まってしまうからね。ぼくたちは例外なく数億の人間を相手にして、闘って、闘って、いちばん先に飛び込んだ。兄弟をぜんぶ殺して、だ。

胎内生活をしているあいだは、自分の意志で生きることはできない。それでも生まれるときには、〝オギャー！〟っと出てくる。

万国共通語だから何語かわからないけれど、この〝オギャー！〟は、「オレは生きる！」

「オレは闘う！」っていう意志の表明だ。闘う意志と生きる意志が込められている。

そこからまた自分の意志では生きられない生活がしばらくつづくけれど、やがて人生に目覚めるときがくる。そこがいちばん重要なポイントだ。

それまでは、悲しければ太陽まで泣いている。自分が泣いているときは太陽も泣いている。庭にいる犬まで泣いている。郵便箱までが泣いている。みんな泣いている。自分が悲しいときは、宇宙全体が悲しい——。そう感じていたのに、自分はこの世界のなかでたったひとりなのだと気づいてしまう。宇宙は輝いているのに、自分はこれっぽっちの、ちっぽけな存在なんだってね。

人生に目覚めるとは、この世界における自分を発見することだ。

いまは二十歳で成人することになっているけれど、まったく遅すぎる。自分に責任をもつというならなおさらだ。もっと早くていい。ひとによってちがうだろうが、だいたい十二～三歳くらい、ぼくなんかは十一～二歳のときには、はっきりと自分を発見していた。

そのときはじめて自分以外に世界があることを知る、つまりは自分自身を自覚する。

人格を発見し、人間形成がはじまる。そこからほんとうの人生が出発する。

はじめて生を享《う》ける、というとおかしいかもしれないけれど、このとき世の中に生まれ出るんだよ。だからぼくは、この瞬間を「誕生」と言いたい。

その前だって、たしかに生まれてはいるし、母親の胎内からいちおう外に出てはいるけれど、十一〜二歳ぐらいまでは胎内にいるのとおなじで保護された状態にいる。

だが、だいたい十二〜三歳ごろになると、自分で責任をもたなければならない、いろいろな義務があり、それと闘っていかなければならないという意識をもつ。

自分の前に立ちはだかる問題、運命といってもいいけれど、そういうものが漠然と、あるいはかなり明確につかめる。そのときはじめて人間は、人間として生まれる。だから「誕生」なんだ。

この世の中に責任をもって生きる

そしてはじめて孤独を知る。じっさいぼくの青春時代は絶望的に孤独だった。

この宇宙のなかで、ぼくの存在は一匹の蟻《あり》に過ぎない。だがこの蟻が傷ついて胸から血がほとばしり出るのを見るとき、自分の死とともにこの大宇宙が崩れ去る——崩れさせなければならない。そう考えていた。

まったく話にならない非現実的な考えだ。そんなことはわかっていた。でも、それがどうしようもないギリギリの実感であるほど、ぼくは徹底的に孤独だったんだ。

現代はだれもが単一な世界に安住したがる。科学的な秩序の世界だ。自分の生命《いのち》とともに宇宙が崩れ去るなんて非合理な信念に生きることなんてできない。せいぜいファンタジーとしておもしろがるくらいのものだ。

でも当時のぼくは、科学における手応えとおなじように、その信念を切実に、現実として感じとらなければダメだと考えていたし、科学的認識と生命の神秘的認識すなわち〝生きる意志〟は同在し得ると直観していた。それは孤独な神話だった。

一匹の蟻——ひとりの人間の運命をもっとも純粋にコンデンスしてとらえた姿だ。宇宙という無限大の可能性に対して、無限小の核を対立させる。この素っ裸な、小さい、孤独な存在が宇宙を葬り去るという矛盾。

自分を孤独な極限として考えるほどに、宇宙が猛烈に彩られていく。だから、自分をそういう極限に追いつめることによって、「己れ即宇宙」という実感がもてる――。

いまのぼくは、あのときのような悲劇的、絶望的なロマンティストじゃない。しかし、いまなお、自分がこの世の中に責任をもって生きている、その覚悟をもちつづけているし、「宇宙即己れ」という意志を変えてはいない。

もし自分の死後にも宇宙があるとすれば、自分はそれに対して責任が負えない。それなら現在の責任も負えないし、負っていないということになる。だとすれば、つまり自分が責任を負うなら、この宇宙は自分とともに消滅し去らなければならないはずだ。

たとえ自分の能力、そのおよぶ範囲がどうであろうと、可能・不可能をのり超えて、絶対的責任を感じとる。そうである以上は、ぼくがここを去るときには、この世界、この宇宙を、ともに消し去らなければならないし、消し去るべきだ。

過去、未来、その重みは現在にのしかかっている。だからこそ責任はすべて現在の一瞬において背負う。

この一匹の蟻の矛盾こそ、もっとも朗《ほが》らかな人間的運命なんだ。そう思わないか？

自分を甘やかさず、もっとも残酷に肯定する。

自分がいっさいの原因であり、結果なんだから。

ぼくたちは闘うために生きている

若いある日、ひとははっきりと自分の運命を見る。そして生きることを決意する。たとえ混沌としてはいても、ひとすじ透明につらぬいた道。それを直視して、身のしびれる感動をおぼえる。

それが生きがいだ。そこには底知れぬ歓び、そして暗さがある。

運命とは自分で切りひらいていくもの——というより、向こうから覆いかぶさってくるたいへんな重荷だ。圧倒的に重い。やりきれない。だからこそ言いようなく惹《ひ》きつけられる。それを全身に受けとめ、自分の生きがいに転換するか、あるいはていよく避けて逃げるか。

人間的な人間は、幸・不幸にかかわらず、まともに運命を受けとめる。いわば無目的的にだ。それは自覚の瞬間でもある。俗に「サイは投げられた」というだろ？　陳腐な表現だが、じっさいそのとおりなんだよ。

生命《いのち》をしぼる大きな賭けに戦慄する。そして、それを決意した瞬間から殉じる。猛烈につらぬきとおすこと。それが生きるってことだ。でなければ、すべてが嘘になる。負い目でも、裏目でも、一回かぎりの賭け。それに殉じることが生きるうえでのルールだ。

賭けるという行為は、とうぜんながら無目的的だ。もし目的的なら、それはもはや賭けじゃない。「賭ける」以上は、一寸先は虚無のはず。またそうでなければならない。ただひたすらに、盲目的に、自分のスジをとおすよりほかないんだよ。人生を振りかえって、「こんなふうに生きてきた」とか、「そうなることを予測してこうした」なんて話がよくあるけれど、そんなものはすべて結果論に過ぎない。

ほんとうの人生を生きようとだれもが悩み、苦しんでいる。まずはそう思うことが大事だし、そう認識したうえで、悩みをドラマのように、あるいはすばらしい芸術のように味わう。つまり悩みをマイナスではなくプラスの面としてとらえる。

悩むってことを、すばらしいことだと思えばいいんだ。悩んだ途端に、世界がふくれあがって、彩りがバーッと冴えてくる。そう思えばいい。

くよくよ考えているようなときには、自分がやりたいこと、やりたい仕事をやる。ぼくの場合は芸術の仕事をしているから、芸術をやる。つまりは創造する。

創造は闘いだ。いままでだれもやったことがないことをやるわけだからね。そんな純粋な闘いをしていると、悩みや苦しみはスーッとどこかに行ってしまう。人生に惰性的にならず、どうやって生きるかを考えながら闘いのなかにとび込めば、悩みや苦しみなんて消えてしまうってことだよ。ぼくに限った話じゃない。キミだっておなじだ。逆に、惰性的に生きていると悩みがだんだん重く、苦しくなってくる。人生がつまらなくなる。

人生即闘いだ。ぼくたちは闘うために生きている。闘うことが人生なんだ。

ぼくはいつも、八方に向かって問題をぶっつけていきたいし、闘っている男でありたい。賭けとおし、つらぬいて運命を生きる。そのためにつまらぬ目にあい、不条理に痛めつけられても、むしろ嬉しい条件として笑ってつらぬきとおす人間でありたい。ふりかかってくる災いは、あたかも恋人を抱き入れるように受け入れる。それが人間のノーブレス（高貴さ）だ。

逃げない。はればれと立ちむかう。それがぼくのモットーだ。

自分だって他人、他人だって自分

ほんとうに生きている奴がいないんじゃないか。周囲を見わたして、いつも憤《いきどお》りを感じる。

官学的ポーズにはまるか、大衆主義者、あるいは外国だけに価値の基準をおくイカレ文化人。みんな安心して、またいささか不安気に、どこかに寄りかかっている。自分自身によって証《あかし》を立てない。生きていることさえおこがましい連中ばかりだ。

まずは芸術からこれを切りひらいていこう。芸術運動が必要だ。そう考えて、ぼくは叫びつづけてきた。

だが笛吹けどだれも踊らない。みなさん利口に、分際を知り、まわりが出そろってくるまで時期を待っているらしい。可能の範囲とか時期なんてものは、危険をおかし、不可能にぶつかること以外にありはしないのに。

ええい、面倒くさい。オレひとりで、とガムシャラに飛び出した。

ものすごい風あたり。それを帆に受けて、ひとりで突っ走ってきた。憎まれっ子だ。そのうち猿どもはあわてて、いっせいに移動開始。器用に、スマートに、するするっと枝の上を渡って都合のいい場所に引越しだ。そこでしたり顔をしている。たいへん不恰好だが、相見互いだから、だれもグロテスクだとは思わないらしい。

岡本太郎だけが芸術家だとか、ピカソをのり超えている、などと公言した。だから自惚《うぬぼ》れて威張っていると叩かれた。

岡本太郎といっても、ここに居る「この自分」のことじゃないし、そんなものにこだわってもいない。ここに生きて、食ったり飲んだりしている、個人のこのぼくを指しているわけじゃないんだ。

自分にならば責任がもてるし、またもつからこそ、御当人には気の毒だけれど、岡本太郎の名を借りただけ。だからそれは、自分でやると決意したすべてのひとのことであって、厖大《ぼう》な数の〝岡本太郎〟のことなんだよ。たまたま岡本太郎という人間がそこに居るから、それをうまく使いこなして、この世界で思いきり遊んでやろうと思ったんだ。

遊びといっても、ただの娯楽や遊興じゃないよ。やれること、やりたいことを、思う存分やりきるということ。いわば自分が「別の自分」を、つまり別の存在であるもうひとり自分を、客観的に動かしているっていうイメージだ。なにしろ自分自身だから、すべて思いどおりになる。

いつも自分は〝自分だけ〟なんて思っていると、なにか言われたり憎まれたりすれば、チクショウと思うし腹も立つ。悔しいと思ったり、ひどいときには寝られないかもしれない。ほとんどのひとがそうだろう。

だけど後ろから自分で自分を操作していれば、つまり自分自身にわざとそれをやらせているんだといつも自分自身を客観視していれば、どうってことはない。むずかしい問題にぶち当たったり、つらいことにぶつかったりしたときには、「おまえ、かわいそうだな」って言いながら、後ろから頭を撫でてやる。

そうやって精神的に自分の頭を撫でてやることもあれば、逆に「おまえ、もっとやれよ」って後ろからケトバすこともある。そんなふうに操作をしながら、ぼくは人生を送ってきた。

こんなことを言うと、自分と他人の区別さえついていない、と批判する者もいるだろう。どうも猿族は自分と他人様を区別しすぎるからね。小さいエゴをかわいがり、守ろうとするあまり、ひとはひと、自分は自分と形式的にわけてしまうんだ。

でもじつは、自分だって他人だし、他人だって自分なんだ。まことに己れを超えて、他に強力に働きかけていく、単数であると同時に複数者である者こそ、ほんとうの人間だ。

自分が決意することで、ほんとうのドラマがはじまる

嫌われたっていいじゃないか。

憎まれて結構、好かれて結構。

そもそも、好かれるより悪口を言われたほうが世の中は動くんだよ。好かれてばっかりで波が立たないのはつまらないんだな。だからほんとうのことを言い、どうせ嫌われるなら大いに嫌われる。そうすべきだし、そのほうが断然おもしろい。

「このオレが——」って考えると、罪の意識や、恥、苦痛を感じるものだけど、後ろから自分で自分を押し出してやれば、自分自身を客観視できるから、そういうものから自由になれる。

もしぼくが岡本なら、あっちには山口さんが居るだろうし、こっちには山田さんが居る。けっきょく、そういうひとたちだって自分の分身なんだ。そういうひとたちが悲しんでいれば、ああ、かわいそうだと。嫌なヤツなら、ああそうか、世の中には永遠に嫌なヤツが居るんだし、嫌なヤツもこの人生のなかでひとつの役割を果たしているんだなと、むしろ同情的に見たりね。逆に、そいつに問題をぶっつけてみるのもいいだろう。

だけど、たとえば岡本太郎なら岡本太郎、コイツだけが大事な人間だ、なんて考えていたら、この世の中ではとても生きていけない。

みんなでひとつの大きなドラマを展開しているんだからね。

ドラマを動かしていくには、なによりすばらしいドラマにするためには、自分自身が危険を犯して嫌われる、抵抗されるという前提に立たないとダメなんだよ。だいいち、そうでなければドラマなんて起こらないだろ？

ただのお人好しで、ただ引っ込んで、いつも謙虚で、自分は安全だなんて安心していたら、ドラマが生まれるわけがないじゃないか。人生のドラマは、いつだって自分が中心なんだから。

世の中には、それこそ無限、無尽蔵にドラマがある。でもそんなことは知る由もないし、関係もない。人生のドラマ、世界のドラマ、宇宙のドラマは、自分が操作してはじめてドラマになるのであって、他人のドラマは自分のドラマじゃない。

自分が決意することによって、世界のドラマが、宇宙のドラマが、ほんとうのドラマがはじまる。人間全体のドラマが展開するんだ。そう考えれば、のんびりと楽しく、自分だけ幸福に生きようなんて、ぜったいに思わないはずだ。

謙虚とは、己れを徹底的につらぬくこと

控えめ、謙虚、頭《ず》を低く――。「実るほど頭《こうべ》を垂れる稲穂かな」。

日本では、「人格の高いひとほどじつは謙虚だ」なんて言われる。それが日本人の美点であり、人生の秘訣だってね。

ぼくも小さいころから、頭をさげるのはよいこと、と教え込まれてきた。じっさい自分を主張すれば抵抗がくるし、頭をさげれば災難の多くはやり過ごせるだろう。なるほど世渡り術の極意にはちがいない。権力者には無条件で頭をさげていれば安心だ。でも謙虚という美名のもとに隠れているのは、いっけん引きさがっているように見せかけて、じつは相手を安心させて利用しようというチャッカリした魂胆だ。謙虚という楯《たて》を借りて、その陰でうまくやろう、消極的に生き延びようという小狡《ずる》い打算だよ。そんなものは、強者には媚び、弱者をいびる小役人根性だ。

ほんとうの謙虚とは、人前で己れを低く見せるなんてことじゃない。逆だよ。自分

の責任において、己れを徹底的につらぬくこと。ぼくが〝岡本太郎〟を打ち出しているようにね。

謙譲の美徳、つまり「私なんか…」なんて言っているところには、いかなる真実も生まれない。「私なんか…」と言うことで責任を他人に押しつけ、自分は逃れようとしているわけだからね。そこにあるのは、いつも「だれかが—」であって、「自分が—」じゃない。けっきょくだれも責任をとらない。

いま社会全体に組織や序列ができあがっているから、自分はこのあたり、この辺でいいや、と己れの〝分〟を知り、諦めてしまう。それは日本の道徳観に由来している。徳川三百年の長きにわたって強固な封建制が敷かれたからだ。

百姓の子に生まれたら一生百姓だし、豆腐屋の子に生まれたら一生豆腐をつくるほかなかった。あらかじめ自分の運命がすべて決められていて、そこから出ることはできないし、無理して出ようとすれば叩かれる。自分で自分の夢をひらくことは許されず、勝手に運命をひらくのは非道徳なことでさえあった。

おまえは豆腐屋のせがれだ。豆腐屋の分際でそんなことはしゃべっちゃいけない、そんなことをやっちゃいけない、そんなところまで行ってはいけないってね。生活の行動範囲から考えることがらの範囲まで、ぜんぶ決められていた。そういうことが、つい戦前まで残っていたんだ。

もちろん、なかには野心家もいたし、じっさいに一旗挙げる者もいた。明治時代には、そうした立身出世が美談にもなった。でも一般大衆は、真っ先に自分の〝分際〟を考えた。そのほうがひとに接するときに都合がいいし、好かれるからだよ。そうしておけば無難に生活できる。

なんといっても、この狭い国の中で大勢の人間がぶつかりあっているわけだからね。監視もされているし、自分から行動すればしょっちゅう前後左右とぶつかる。そういうときは諦めるしかない、諦めないとても息がつけない、っていう状況があるわけだ。

だからみんな、謙虚であることが世渡りの第一歩だと考えている。自分の分際を心得て、消極的に生きていこうってね。

生身の自分に賭ける

でもぼくは、そういう態度はとても傲慢《ごうまん》で不遜《ふそん》だと思う。どだい自分のことなんて、自分ではわからないものだよ。自分にどれほどの能力があり、どこまでのことをすべき器なのかなんて、そう簡単にわかるわけがない。だれだってそうだ。それなのに、つまり自分ってものを知らないくせに、自分はダメだと勝手に決めつける。そうすることで安全な道に逃げる。

現在のあるがままで諦めてしまえば、たしかに人生は安全だ。逆にいまの自分とちがう、もっと別な自分になろうとすれば、とうぜん大きな危険をともなう。もし自分になんらかの可能性があるとしたら、それは眼の前に危険な道があるってことだ。そういうときこそ危険に賭けなきゃいけないのに、みんなそうしない。謙虚という美名をまとって、危険に賭けずに逃げちゃうんだな。危険に賭けて失敗した者がたくさんいるからだろうけど、日本人全体にそういうムードがあることはまちがいない。分際をわきまえて謙虚に生きるほうが人生うまくいく。危険に賭ける代わりにマメに働こうってね。それはつまり、質ではなく量で自分の立場を回収しようってことだ。自分じゃ自分のことはわからないからって、なにもしないで可能性を捨ててしまっている。もっとも、最初から諦めてしまうような者には、はじめから可能性なんてないのかもしれないけどね。

いまの日本の社会システム、教育システムについてぼくが疑問に思うのは、教育は人格形成のための第一条件であるみたいなことを言いながら、若いときに自分の人生について考えることをしないし、学校の勉強ばかりさせていること。

学生のころには、考え方が自由で、自分の人生に夢をもっている若者がたくさんいるのに、まだこどもだってことで甘やかしてしまう。日本は欧米以上に若者を甘やかしているよ。で、けっきょくその状況に甘えて、遊んでしまう。

学生時代は学校の勉強さえしていればいいっていうのが日本の精神状況だし、みんなそう考えている。人生について考えたり勉強したりすることをせずに、学校の勉強、形式的な勉強に追われてしまう。そういうことは「いずれ社会に出てから」なんて思っている。

でも、じっさいにそうなると、今度は会社の社内事情に明るくなることに一生懸命になる。前後左右、つまりは上役や同僚、そういう人間関係や会社組織の内部の関係を適切に処理することに血道をあげるわけだ。

そっちを習い覚えることに精一杯で、ついに人生の勉強はしない。仕事は忙しいし、夜帰って疲れているのに、「生きがいとはなにか」を考えるなんてバカらしく思える。それでも独身のうちは自分のこれからの生活や人生について多少なりとも考えるけれど、結婚して家庭をもつようになると、型どおりの家庭生活に入ってしまう。

だいたいにおいて、その段階で自分の分際を知り、人生を諦める。なんにしても女房こどもを食わせなきゃいけないんだからってね。形而上学的な問題を考えたってそんなものは腹の足しにならないじゃないかと。

こどもができると、今度はその子に賭けようとする。もうオレはダメだ、オレの分際はこの程度だが、この息子だけは立派に育てようなんて考えて、いい学校に入れたくなる。

けっきょく自分の人生とはなにか、なぜ自分は生きているのか、を考えることがないまま、なんでも自分の代わりに「代用」で済ませてしまう。

スポーツがその典型だ。日本人がボクシングの世界チャンピオンになると自分のことのように喜び、自分の好きなプロ野球チームが勝つと自分が偉くなったような気になる。

自分の土台、自分の人生とはなんの関係もないのに、ジャニムニ勝ちたがったり、悔しがったり。

そのために指一本動かしたわけじゃないし、自分の責任においてなにもしていない。自分の人格になにひとつ加えていないし、自分の実力はなにひとつ変わっていない。自分が試合に出てホームラン打ったんなら別だけど、そうじゃないんだから、自分にはみじんも関係がない。そうだろ?

自分の意志の力やプライドを捨て、代わって架空の場所で代用の生きがいにうつつをぬかしている。そんなことで自分をごまかすなんてむなしいだけだ。それが現代のいちばん悲劇的なところだよ。

賭けるなら、代用ではなく自分自身に、なま身の自分に賭けるしかないんだから。

己れをつらぬけば、案外なんとかなるものだ

一方、真剣に生きがいをつらぬこうとする者であっても、それを頭で考えはじめた途端に諦めてしまうことが多い。

「オレは、ほんとうはこうしたいんだ」と純粋に思っても、次には「でも世の中が許してくれない」「いまのオレの立場はこうだから」「あらゆる悪条件が山積みだ」という考えが頭をもたげ、けっきょくは「ちがう星のもとに生まれていればできるかもしれないけれど、いまの状況では無理だ、いまのオレじゃどうにもならない」と諦めてしまう。

自分には家庭があるし、こどもを育てなきゃならないとか、お父さんお母さんが心配して、そんなことはやめなさいと言うだろう、親不孝になってしまうとか、その他いろいろな条件が山ほど出てくる。

なぜ行動しないのか、実行できない理由を証明するために、やたらと障害の細目を並べ立てる奴がいるだろ? ひとを納得させるためにさかんに言い繕《つくろ》うわけだけど、

けっきょくそれは「自分としては是非とも行動したいんだが、やむを得ない事情からどうしても諦めざるを得ないのだ」との弁明を自分自身に言いきかせているだけだ。

ぼくの考えはまったく逆だ。制約の多いところで行動することこそ、つまり成功が望めず逃げたくなるときにこそ、無条件に挑む。

敗れるとわかっていても、己れをつらぬく。

それが人間的ということであり、生きがいだからだ。ぼくは、あらゆる条件が否定的であればあるほど、逆に行動を起こす。

そのとき大切なことは、中途半端はぜったいにダメだということ。中途半端って不明朗なんだよ。そういうときこそ、とことん明朗でなければいけない。

道半ばで腰が砕けると、けっきょく、やらなければよかったと悔いだけが残ることになる。中途半端に遠慮したり、謙虚になったり、まして分際を考えたりしちゃダメなんだ。危険に賭けなくちゃ。

実社会に足を踏み入れる、すなわち〝おとな〟の仲間入りをする段になると、とうぜんいろいろな抵抗、苦しさが出てくる。だれもがそうなる。そのときに、現実の障害、抵抗や悩みに純粋に己れをぶっつけ、ごまかさずに立ち向かったほうがいい。それはとても人間的なことであり、なによりほんとうの人間形成ができる貴重な砥石《といし》だからね。

己れをごまかさずにつらぬけば、案外なんとかなるものだよ。嫌みにならないし、むしろそれが魅力になるからね。やっぱりやってよかったな、ってみんなが思えるようになる。

自分が正しいと思うことを平気で行動に移す、つまり己れを明朗にうち出す。そうすれば、どんなに抵抗があっても、みんなが明朗になり、みんながやる気になる。ぼくはそう信じている。

自分を積極的に主張する。己れ自身に対して残酷なまでに批判的になる。それがほんとうの謙虚だ。

自分をつらぬくとは、自分を捨ててもっと大きなものに賭けるということ。自分の責任において、自分を鋭く、猛烈につき出す。

大事なことは、現在ないものは永久にないし、将来あるものなら、かならずいまあるってことだ。「私なんか——」とか「だれかが——」なんて言っているところに、けっしてドラマは生まれない。

もう一度いう。人生のドラマは、いつだって自分が中心なんだ。

第二章

「挑み」をやめた瞬間から老人になる

青春とは獲得していくものだ

ひとはなんのために生まれてくるのか。なぜ生きているのか。

闘うためだよ。

闘いというと、戦争とかボクシングみたいなことを思い浮かべるかもしれないけれど、ぼくが言いたいのはそういうことじゃない。ほんとうの闘い、いわば〝無目的な闘い〟だ。

闘うために人生を生きる。

そう覚悟したとき、ほんとうの青春が立ち現れる。人生全体が青春になる。ぼくはそう考えている。

〝おとな〟に固まってしまった者にとっては、青春なんて、遠く過ぎ去った甘い思い出、感傷の対象に過ぎないだろう。でも激しく、生々しく運命に挑んでいる人間には、瞬間瞬間、つねに若い情熱がわきあがっている。

青春は年とともに失われていくもの。そう思われているようだが、ぜんぜんちがうよ。青春は年齢じゃない。たんなる人生のふりだし、未熟な時期と片づけるべきものではないし、まして若さに甘えることじゃない。

青春とは獲得していくものだ。世界とぶつかりあい、傷つきながらね。

青春こそ生きがいだ。それを失ったまま生きるなんて意味がない。もしそれを〝おとな〟と呼ぶなら、大人とは「生きがいある人生をオリてしまった人間」と言うべきだ。

まわりに迎合したり、安易に好かれようとするところに生きがいはない。

世にいう成功なんて絶望とおなじだよ。そうじゃなくて、つねに無条件の挑戦、無目的の闘いをつづけることこそがほんとうに生きるということだ。

ほんとうの人生を生きるために、だれもが悩み、だれもが苦しんでいる。悩みや苦しみがない人生なんて、ほんとうの人生じゃない。でも、苦しいからといって、そこから逃げようとしたら、状況に負けてしまう。

だから挑むんだ。無目的、無意味な挑み。それがぼくの生きるスジだ。

「自分は未熟だ」という前提のもとに生きる

〃おとな〃たちはよく、若者の気が知れないとか、だらしないとか、自分たちの時代とのズレを若い世代におっかぶせるだろ？　そしてことあるごとに、古い道徳の基準をもち出して若者をしばろうとする。

若者に対するとき、新しい時代を意識しているつもりでも、大人や親たちは、気がつかないうちに時代からズレている。道徳がないと大人たちがみなす若い世代こそ、今日の状態に即応した新しい道徳を生み出すべきだ。

若さが暴走する、なんてよく言うけれど、そういう見方はまちがっている。青春は無分別なんかじゃない。むしろ〃生きがいある人生をオリてしまった〃チャッカリした大人の方がずっと無分別なことをやるし、理屈にあわない主張をゴリ押ししたりする。

良きにつけ悪しきにつけ、青春が抱いている情熱は透明で、スジがとおっている。それなのに、未熟で世の中に通用しないから、うまく説得できないから、だからダメだと、とかく引き下がってしまう。そうしてヒネクレたり、シラケたり、自分で自分の若さを殺している若者がじつに多い。

青春は暗さとあかるさ、自信と不安のまじりあいだ。だからこそ純粋に自分の意志をつき出して発言し、世に問い、信念をぶっつけていかなくてはいけない。

勇気と決意だ。

もしキミが自分は未熟だと悩んでいるとしたら、それは未熟であるということをマイナスに考えている証拠だ。でもぼくに言わせれば、弱い人間や未熟な人間のほうが、はるかにふくれあがる可能性をもっている。

熟したものは無抵抗なもんだよ。そこへいくと未熟なものは、運命全体、世界全体を相手に自分の運命をぶっつけ、ひらいていかなければならないから、それゆえに闘う力をもっている。

人間にはいろいろとマイナスの面がある。マイナス面があるからこそ、ファイトを燃やして、目の前の壁と面と向かって対決するんだろう？

自分は未熟だから、と消極的になってしまったら、未熟である意味がなくなってしまうじゃないか。それでは未熟のまま、だらしなく熟すだけだ。

未熟を決意するのは、すばらしいことなんだよ。

空を翔ぶ鳥を見て、自分は鳥のように自由に空を翔べないと思う。花盛りの樹を見ても、自分はあの花のようにはまだひらいていないと思う。そこから新たなファイトがわき起こってくる。

成功者よりも成功しない人間のほうがはるかに充実していける。だから、未熟ということをプラスの面に突きあげることが人間的であり、すばらしいことだと思うべきなんだ。

そもそもこの世の中に完成なんてものは存在しない。完成なんて他人が勝手にそう思うだけでね。世の中を支配している「基準」という意味のない目安で、他人が勝手に判断しているだけだ。

ほんとうに生きるとは、「自分は未熟だ」という前提のもとに生きること。それを忘れちゃいけない。

人間はだれもが未熟なんだ。

傷つき、傷つけられる、その痛みこそ青春の証だ

若さの前にひろがる世界は、あかるく、そして底知れず暗い。透明でありながら渾沌《こんとん》としている。自分自身が自分にとって不可解ならば、行く手はさらに神秘だろう。

狂おしいほど、全身のエネルギーを突き出したい。青春は嵐となって吹きあがる。激しく、素っ裸のまま心身を投げ出せば、それはただちに自分自身に返ってくる。孤独の情熱は、嵐のなかの一本の立木のように疾風に吹きさらされる。

ゆえに若さは〝ノー〟と言う。新しい生命の可能性に対して、すでに眼の前にあるものは不純であり障害だ。ほんとうに正しく自分に応えてはくれない。だからノーを突きつける。

大人の世界、その習俗の醸し出す雰囲気が、とにかく許し得ない。そんなどうにもならない情熱が、血肉のなかに燃えてウズウズする。

それがなんらかの行動として現れるとき、とうぜん破壊の相をおびる。それを社会は抑えようとする。抑えられた青春は内攻する。

破壊か抑圧か。いずれにしても他を傷つけ、己れが傷つく。それが青春の必然だ。瞬間瞬間、無限の可能性と障害が混沌として立ちはだかる。傷つけ、傷つけられる、その痛みこそ、青春の証。いつもなにかを破壊せずにはいられないのが若さの情熱であり、その悲劇だ。

大人たちにはそれが不可解であり、たんなる破壊、無軌道としか映らない。非難し、批判し、あるいは異常心理状態だとか、社会悪だとか、顔をしかめながら、もっともらしい理屈で片づけようとする。

それが正しいとか正しくないとか、向上だとか堕落だとか、なにかを生むか生まないか――。そんなものはみんな功利主義的な〝おとな〟の判断だ。そんなことはどっちでもいい。とにかくノーだ。

青春において破壊は祈りであり、儀式であり、呪術だ。生命の至上命令。

だから若さはシャニムニ突き進んでいく。やりきれない、ほとんどあせりに近い気持ち。

突きあたり、破壊し、盲進していく。そこになにが現れてくるか、自分でもわかってはいない。しかしなにかが現れる。それは神秘だ。

ほんとうに生きたい、ほんとうのものをつかみたい。いま眼の前にある、通用しているすべて、自分を含めて、それはどこかほんものではないという感じがする。すでにある、与えられた世界、与えられた存在としての自分――。

そうではないほんとうの世界、ほんとうの自分があるはずだ。だから自他を否定する行動によって、本来の自分と他が浮かびあがってくるのではないかと期待し、あせる。

自分が未知数であると信じる――そこに情熱はひらく

若者はよく奇抜で意表を突く行動をとる。街の看板を壊して歩いてみたり、オートバイで狂ったようなスピードを出したり。そんなつまらないことから『太平洋ひとりぼっち』のような冒険まで、だれもやらないこと、みんなが危険視し、非難するようなことをあえてやる。

たしかに英雄気どりではあるだろう。が、もし失敗したら笑いもの、道化《どうけ》だ。英雄と道化。ふたつの底知れない矛盾の動揺のなかに、自分自身、そして世界を発見しようとしている。

ひどく奇矯《ききょう》ななりをする連中もいる。はたから見ると、あまりお似合いともいえないし、美しくもない。なにか無理している感じ。〝うるさ方〟が、センスがないとか馬鹿げた恰好だなどと批判したりする。もちろん、そんなことを言うのは「若さ」がわかっていないからなのだが――。

もっとも若者自身もわかっちゃいない。ご当人はただなんとなくそんなふうにしたい、と気分だけでやっている。だがほんとうは、あるがままの自分、いまある自分以外のもの、以上のものになりたい。それは未知の自己、現在の己れでないところに自分を求める欲求だ。かならずしもそれが美しいから、自分に似合うから、じゃない。やらずにはいられないんだ。

だからどこか無理をしている。自分自身とズレている。そのズレに青春の気負いがある。むしろこの不自然さ、ピタッと身についていないところにこそ、若者のおしゃれの特徴があるとさえいえるだろう。

変わった恰好をすることによって世の決めごと、常識、美感に抵抗する。同時に、そんな冒険に弱気にひるんだり、周囲の非難、冷笑に対して身構える自分自身に対しても挑戦する。あえてズレるわけだ。

若さの情熱は、自分が未知数であり、流動的な存在、無限定であると信じているところにひらく。

そこには新鮮さもある。猛烈な破壊の情熱をもって全身でぶち当たろうとするとき、いままであたりまえだと思っていたこと、いつも見馴れ、わかりきっていたものが眼の前で、なんという真新しい、見馴れぬ表情をもってそそり立つことか。

人間のダイナミックな精神力は、本来的に、周囲に馴れるということを許さない。いつも自分に、そして世界に、新しい眼で見入る。

見馴れたものを見馴れたふうに惰性的に片づけるのはごまかしだ。

自分自身も変化するし、相手も変わる。
人間の文化は、いつも緊張のなかに進展しているんだ。

未知に賭けることをやめた途端、青春は失われる

しかし、いくら気負って体当たりしてみても、社会は大人の世界、怪物だ。逆に自分の行為がはね返ってきて、こちらが傷ついてしまう。「ノー」と言うとき、相手を傷つけたつもりで、じつはより深く自分のほうが傷つく。絶望的なメカニズムだ。

個人差はあるけれど、たいていはそのうちに「ああ、駄目だ」となってしまう。そうやって自分自身に見きりをつける。しょせん自分はこんな程度だと能力を枠づけし、諦める。未知に賭けることをやめ、頭を下げる。その途端、青春は失われ、〝おとな〟になる。

自分が世界である、だが同時に、世界は自分に対して遮断されている神秘だ。そんな絶対感と不安感が同在するところに、強烈な青春のよろこび、新鮮さがある。

ところが大人になると、そういうズレがなくなってしまう。わかりきっている、少なくともわかりきっていると思っているから、それ以上にはぶつからないし、踏み込まない。

たとえば、青春時代には他人に対して猛烈な疑問を抱く。オーバーな期待もするし、誤解もする。「誰々さん」といえば、大人はああアレだなと思うだけで、せいぜいあいつはいい奴だとか、イヤな野郎だとか、勝手なカテゴリーにはめ込むだけだ。相手の地位、立場、利用価値、すっかり計算ずみであり、驚きや発見はない。ほんとうにぶつかったなら、もっとよくわかるだろうし、あるいはもっとわからなくなるはずなのに。他者は神秘なんだから。

こうしてイマジネーションを放棄し、固定する。「青春」から、形式的な〝おとな〟になる。まさに人間的な危機なのだが、周囲はやっと大人になったと安心する。

もし生涯を通じて永遠の青春をもちつづけたいなら、この危機をこそのり越えなければダメだ。

いつでも自分を未知数の方に賭け、自分と世界を枠づけしないこと。

ぼくは「青春」と「青春時代」はわけて考えるべきだと思っている。それは今日の多くの若者が、青春時代のはじめ、この最初の危機の瞬間にすでに青春をオリてしまうからだ。

若者は非力であり、その無力感は耐えられない孤独に彼らを突き落とす。その暗さをだれにもわかってもらえず、「キミは若いんだ」と片づけられてしまう。それが侮辱ならまだしも、同情だったり、あるいは讃辞としても発せられている。なおさらやりきれない。

自分ひとりではいたたまれない。そこで自分とおなじような状況にある者を求める。彼らと群れて気持ちが通じるところ——そこは、みんなが不満や退屈を平気でぶちつけられ、そのぶつかりあいが決闘ではなく一種のルールによって型になっている、そういう世界だ。そのなかで安心し、抵抗なく無力感、孤独が解消する。そういう場所を彼らは探し求める。

今日問題になっている若者像がほとんど独りの姿ではなく、集団の形で浮かびあがるのはそういう精神状況からだ。

大人の中にも永遠の青年がいるように、若さの中にも成熟がある

人間的であるためには、〝ふたつの肉体〟をもたねばならないとぼくは考えている。ひとつはひたむきな青春がもつ純粋素朴で衝動的な肉体、すなわち苛立ち燃えさかる若い肉体であり、もうひとつはそれを否定し対立する成熟した肉体、痛みの記憶を宿して老熟したいわば〝アンチ肉体〟だ。

それらはひとつ身のうちにある。だからこそ、人間はそれぞれが一個の宇宙なんだ。若者たちに向かって「キミたちにはもうひとつの肉体が見えない」というと、彼らはひどく抵抗を感じるようだ。そして意味がわからないという。

なるほど若者は現し身《うつみ》として深い人生経験はもたないだろう。しかし人間はだれしも永劫《えいごう》の過去を背負って生きているんだ。肉体のなかに、たんに本能と片づけることのできない先験的な痛みの蓄積をかかえ、それが無言の意志で生きつづけ、はたらいている。

この人間存在の二元性は、いわゆる〝おとな〟になり、経験によってしだいに獲得するようなものじゃない。

燃えさかる肉体。はげしい突きあげ——。

それはいい。だが単一の肉体で一本調子にやっているだけでは、片身のまま泳いでいる魚のような、痛々しさを感じるんだ。

青臭いと責めているわけじゃないよ。半分の肉体でシャニムニぶつかるのは大事なことだ。ほとんど美しいと言っていい。

でもその美しさは、ちょうど三日月の鋭い輝きのようなものだ。三日月は、それが負っている影の部分の実体をかかえている。欠けてはいても、その全体を予感させて、若いままに充実している。宇宙の吸引と反撥《はんぱつ》力のなかに強烈に耐えながらね。

若さのなかにこそ、成熟、いやむしろ老熟したモメントを予感して、すでにつかまえていなければならないし、その気配が欲しい。大人のなかにも永遠の青年がいるように、若さのなかにも成熟がある。

「若い」だけじゃダメなんだ。

古い世代は底意地が悪いから、若者たちを叱りとばしたかと思えば、将来の日本を担うなんておだてたりする。いずれであれ現在を辱《はずかし》めようとするものだ。

将来など担おうが担うまいがかまわない。現在にこそ生きればいい。

もう一度いうが、肉体はアンチ肉体をひそめた厚味で浮かびあがってこないと、ほんとうの力にはならない。それを忘れず、猛烈にやってほしい。

ひとは「老い」を認めるべきじゃない

「青春」について論じてきたので、今度は「老い」について話そう。

といっても、ぼくは自分が老いるなんて考えたことがない。あえて、ではなく、自然のうちにそうなんだ。それはぼくの生きる信念なのかもしれない。

四つ五つのころ、はじめて世界に眼を見ひらいたときからそうだった。まだ小学校にもあがらない、ヨチヨチした幼い眼に感じとっていた生命感が、いまとまったくおなじなんだ。ぼくは四、五歳のいのちをナマのまま、いまを生きている。

闘いの人生を通過してきたのに、五歳のままであるというよろこび。それはぼくの誇りであり、生きがいだ。

自分のイメージをこうしてダブらせてみると、月日とともに若くなっていくんじゃないかとさえ思う。あのころよりももっと若い眼で世界を見返しているからね。青春はこれからだという実感がますます強まっている。いまのぼくは、幼子《おさなご》のときのまま、より積極的に純粋だ。己れの決断と意志によってね。

ぼくは「老い」という言葉にひどくむなしさを感じる。どこか卑《いや》しい。

九月一五日は「敬老の日」だそうだが、敬老という言葉も嫌いだ。悪意に近いごまかしを感じる。

だれのために、どんなひとたちが祝うのか知らないが、「老いた、だから敬いましょう」と言われて、なんの意味がある？　老人を、つまりは不用物を社会から敬《けい》して遠ざけようとする功利的な仕組みが透けてみえる。そんなものはすっとばして、みんな太陽のもとで、青春を爆発させる祭をやるべきだ。

ひとは「老い」を認めるべきじゃない。

「老い」のことをあれこれ思い患《わずら》うこと、それ自体が不潔だよ。「老」なんていう言葉、活字はこの世から追放したほうがいい。

黒アフリカのある部族には「老い」という言葉がないらしい。老は「醜い」という語とおなじだと聞いて感心したことがある。残酷だが、清潔な習慣だ。

レヴィ＝ストロースも『悲しい熱帯』のなかに、南米インディアン、ナンビクアラ族についておなじような例を報告している。ストロースは、こういう判断は人間として役に立つこと、とりわけセックスが価値の土台になっているからだと説明している。でもぼくは、そういう相対的な評価の問題よりも、彼らが「老い」を平気で否定し、無視するという、ドライな意志こそ見るべきだと思う。

俗にいう未開のひとたちは、現代人よりむしろ純粋に、直接に生活をつかんでいるし、人間の生き方の根本についての透明な哲学をもっている。

原始社会に多くある例だが、肉体的に衰え、「老い」を自覚した老人は、自分で姿を消し、静かに去っていく。

南太平洋のある島では、老人は部落から離れた場所に仮小屋を建て、部族と断ち切れる。そして自然のうちに消滅する。たとえ生きていても、社会とは「さよなら」だ。かつてそれをレポートしたドキュメンタリー映画を見たことがある。小屋をつくるのに、肉親の若者たちが朗らかに協力するのだが、去る側にも送る側にも、暗さや悔いめいた気配はまったく見られない。その淡々としたイメージに、ぼくは思わず息を飲んだ。これだ!、これがほんとうなんだ!、と身体《からだ》が熱く震えた。

ボーヴォワールの『老い』のなかにも、感動的な引用がある。ポール・エミール・ヴィクトールの報告だが――グリーンランドの、アンマサリクのエスキモーたちは、自分が共同体にとって重荷であると感じると、自殺する慣習があった。

ある夜、彼らは公衆の前で一種の懺悔《ざんげ》を行い、二、三日後にカヤック(海豹《アザラシ》の皮製の舟)に乗って帰らぬ旅へと出発する。カヤックに乗ることのできない病人が、海に投げ込んでくれと頼んだ。それが他界に移る最短の道。彼のこどもたちはそれを実行したが、衣服のために彼は浮かんでしまう。すると彼をとても愛していた娘のひとりが優しい声で言った。「とうさん、頭を水に突っこみなさい。そうすると道がもっと近くなるよ」――。

真剣に考えるべきは、人間生命の流れの高貴さ

戦前、中国の湖北省の田舎で、ぼくはぐうぜんある光景を目にした。

母屋からちょっと離れて、ささやかな足場を組み、その上に小さな小屋が建っていた。一畳よりわずかにひろい程度の、やっとひとりが横になれるぎりぎりの大きさだ。そこに老人が終日ひっそりと坐っている。

食事だけは運んでくるらしいが、その小屋にひとりきりで生活している。小屋というより、大きなお棺のように見えた。中国は敬老の国と聞いていたが、そのあたりではこれが普通の風習のようだった。

日本にもおなじような隠居小屋の制度があったし、有名な姥捨《うばすて》山の伝説もある。深沢七郎の書いた『楢山節考』は、老いた者がひっそりと消えていく姿、それがけっして恨みや未練でジメジメしたものでなかったことを、そしてまたその透明さによっていっそう浮びあがる残酷さを、みごとに照らし出していた。

生命のたゆたいのない流れこそ人間生命の自然であり、高貴さではないか。

当人も悔いず、共同体全体も未練がましくない。手を貸す若者たちも、敬愛をもってやさしくそれに協力する。それはまた、いつかは彼ら自身の運命でもあるのだ。

人類全体の生命の循環。

もちろん今日とは条件がちがうけれど、けっして未開社会の珍奇なお話、よそごとじゃない。ぼくたちの血、そして文化の伝統のなかにあった、いま眠ってはいるが生《い》命《のち》の底に生きている感動であるということを、真剣に考える必要がある。

若さを決意すれば、永遠に若くあり得る

近代社会にだって老人の場はない。

生産、能率、合理性を価値の基準においた、巨大で非情なシステム社会。生産力としての価値を失って役に立たなくなった老人は、厄介者でしかない。まして近ごろのように激動する社会環境、ヤングパワー、若者文化の呼び声のなかで、老人は滑稽な

無用の長物になってしまった。

しかし今日、自然死以外に老人が死ぬことは許されない。「人命尊重」を鉄則とする近代ヒューマニズムは、かつての老いて去る者の神聖、その絶対感を失わせてしまった。いま語ったような話を聞いても、ただ「かわいそうに」「なんてひどいことを」と顔をしかめるだけだ。もしそんなことが許されて、いずれわが身に振りかかってきたら大変だ、おお、コワイ、コワイ――。

そして、もう生きてもいない、死んでもいない存在を、「敬老」なんてごまかしで口をふさいでよそよそしく祀《まつ》りあげる。一年に一日だけスポットライトを当てる。だからなおさらいやったらしい。そういう老人観こそ、人間のほんとうの生き方を卑しめる、裏目だと思う。

こういう世の中である以上、運命を決するのは自分自身しかない。それぞれが孤独なポイントで決断を下すほかないってことだ。

常々ぼくは考えている。少しでも自分に老いぼれのキザシが見え、運命に挑戦する意志、情熱を失ったらそこでオワリ、そのときは自殺しよう、と。ただいささか困るのは、モウロクしてしまったら、自殺するなんていう激しい決意はもてなくなるんじゃないか。つまらないジレンマだ。

だが、ともう一度考える。もしそうなって生きながらえているならば、それはもうオレじゃない。そんな奴は勝手にしやがれだ。

だいいち自殺するといっても、けっして悲劇的に、深刻な意味で言っているわけじゃない。「じゃ、さよなら、またね」という、運命を見とおした軽く透明な一区切りに過ぎない。次の運命がはじまる。それに賭けるんだよ。

ひとは老いるべきじゃない。そして老いた以上は死ぬべきだ。それを前提に生きるほうがいい。

若さを決意すれば、永遠に若くあり得る。ひとに「年寄り」とか「ババア」と言われ、愕然として自分の老いを悟る、というようなあり方はむなしい。それでは人生の青春を決意しきらなかった、中途半端な人生だとしか思えないじゃないか。

孤独で自由に生きれば、老いるきっかけがない

老いを認めない。

そういうきっぱりした精神の高貴さ《ノーブレス》を一方に踏まえていなければダメだ。近代ヒューマニズムは、「ひとはだれでも老いるのです。老後の幸せを考えましょう」なんて猫なで声を出す。その安易なモラルが、人間をいよいよむなしくするんだ。

ぼくは社会保障や福祉の充実に反対しているわけじゃない。「老後」「余生」といったような割り切り方で、逆に人間をスポイルする風潮に疑問を感じているだけだ。

生きるとは闘うこと、人生に挑むこと。

「挑み」をやめてしまった、その瞬間から老人になるんだよ。

生―死、挑戦―諦め、ぼくはそれが人間生命の根源的な対極だと思う。諦めて、オリてしまったあとは、ただ惰性的に肉体があるだけで、ほんとうに生きているとはいえない。生理的な老化現象と、人間的な老いとを区別するべきだ。

ものは時がたてば古くなる。生物だって老化する。それは事実だ。

でも、生まれたての若い星と、無限の時を過ごしてふたたび爆発して消滅しようとしている年とった星と、どちらに価値があるかなんて比べようがないだろ？　おなじように人間だって、時間と存在価値は関係ないんだよ。瞬間に生きているんだから。その瞬間に赤ん坊であり、成熟した壮年であり、老年なんだ。そのすべてなんだよ。もっといえば、生命の輪廻《りんね》の原初、アメーバまでを含むすべてだ。

人間のいのちは、たとえ若者だろうが高齢者だろうが、背後に何百万年、何億年という歴史、その因果を背負っている。でなければ人間でもいのちでもあり得ない。そういう絶対感を前にして、暦《こよみ》をめくってケチケチ記録するような、戸籍上の年齢なんかになんの意味がある？　ぼくたちはそんなことのために生れてきたんじゃない。

誕生日なんか、クソクラエだ。人間のいのちは、毎日新しく生まれかわって、生きがいを爆発させるためにある。もし誕生日というなら、その日その日がそうなんだ。暦の上で繰り返される偶然の符号に義理を立て、永遠の時間の流れにこまっしゃくれたシミをつける必要がどこにある？

ケーキにロウソクを立て、贈り物をやったり取ったり。小市民的安逸《あんいつ》。こんなのは神話のむかしから日本にはなかった。ぼくはこういうヤニさがったムードが大嫌いだ。

ふだんロクなこともせず、生きることに責任を感じないような奴らにかぎって、誕生日なんか気にしたり、祝ってもらいたがるんだ。つねに充実して猛烈に生きていれば、空虚な日付なんか吹きとばして、思い出すこともないよ。

人間はさまざまだ。こどものときから年寄りみたいなのもいるし、年とってますます柔軟で積極的な人間もいる。たしかに一〇〇メートル駆けっこすれば、七〇歳では二〇歳の青年にかなわないだろう。

だが老いを生理的なものと考えてはいけない。老いは意外にもきわめて社会的・心理的な現象だ。他の基準に自分を当てはめてしまう奴が老いるんだ。

いのちの流れは自分のリズムで決めればいいのに、若者とか社会人とか、学生、サラリーマンというように、いつでも相対的なカテゴリーに自分を置いて、規制する。「三〇にして立つ、四〇にして不惑」。だから「老人」のレッテルを貼られれば、老人になる。ぼくはそういうことが許せない。それはつまり、枠にはまることによって自分の責任をとらない、運命に甘える口実にしているだけじゃないか。

小学校時代の同窓生などに会うと、いかにも貫録のある老人で、どこの重役さんかと思うような奴が多い。社会的な場ではね。ところがお互い仲間だけで話しあっているときは、腕白だった昔とちっとも変わらない。

社会的地位があって、周囲から恭《うやうや》しく奉られたりすると、それに対応したポーズをとらざるを得ないんだろうが、態度も口ぶりも重々しく、身のこなしも鈍くなって、年寄りくさくなる。そうさせられてしまっているんだよ。そんなの無視して、どこでもにっこり無邪気にやればいいじゃないか。

家庭というやつがまた大敵だ。こどもが大学を出た、結婚式だ、孫ができた、というようなことで急速に老いる。世代交代を自覚して、お父ちゃんからオジイチャンへと、自分自身でイメージチェンジしてしまうからだ。

孤独で自由に生きれば、老いるきっかけがない。だから老いない。

永遠の青春——そのかわり、一歩でも身を引いたら負けだ。

絶対に妥協しない。激しく挑みつづける。それしかない。

諦め、闘いを放棄した、その瞬間から老人になる

浦島太郎の伝説はこの問題を鋭く突いている。

太郎はみずみずしい若者だった。それをつらぬいていけばよかったんだ。まったく変わってしまった故郷、ズレた「現在」を清らかな若い目で見返して、それに挑み、賭けていくべきだった。

挑む。それは危険に満ちている。

だからこそ、あえて挑む。生命感が生きがいに奮い立つ。まさに青春そのものだ。

なぜ彼は玉手箱をあけたのか。そのとき彼は、周囲のあまりにも変わりはてた姿に気を弱くして、挑むことをやめた。「現在」を放棄し、うしろを向いた。過去に逃げ込もうとした。そのとたんに……

♪タロウはたちまちお爺さん――

なぜ近ごろこんなに老人問題が注目を浴び、関心を巻きおこしているのか。一生を通じてほんとうに生きていないひと、不毛な群れが増えてきたからだろう。

現代社会はあまりにもがっちり組織されている。物質的生活条件はたしかに楽になっているし、表面的にはかなりの問題は解消された。しかし見えない奥には大きな退廃がある。あらゆるものが官僚的に、自動的に動いていくような世界だ。

パパ・ママの小市民的な生活の枠のなかでさえ、自分の情熱をつらぬいて生きることはむずかしい。現代のシステムは人間の本然の生きがい、力に少しも価値を認めないし、応えてくれない。

もしシステムをはずれて、自分ひとりで強烈な闘いをつづけていこうとすればどうなるか。ほとんど勝ち目のない、無目的な闘いにならざるを得ないだろう。孤立無援であらゆる抵抗を超える、挑戦の意志が必要だ。

ゆえにほとんどの人間は諦め、闘いを放棄し、自他を適当に調節する。そうなったら、もうほんとうに生きているとはいえない。こうしてぼくが定義する〝老人〟ばかりの世界になる。現代の虚無感はそこに根ざしているってことを忘れちゃいけない。

それでもまだ現役時代には、空虚ながらもいろいろ目移りすることもある。多少は権力意志もあるし、見た目のカッコよさに得意になったりもする。女なら家庭の雑事、男は仕事のスケジュールなどにとりまぎれて、まあなんとか誤魔化していける。

ほんとうの人間は老いない

ところが高齢になると、そういった幻想も剥がれ落ちて、索漠《さくばく》とした環境に置かれていることに気づく。本人は大いにうろたえるし、はたからも惨めに見える。

ただね、この運命は、なにも老人になったからはじまったわけじゃない。目には見えないけれど、じつは生涯をとおしてそうだったんだよ。

幼稚園から高校、大学へ。テストテストで、すべては次の関門のためのステップでしかない。システム社会のコンベヤにのせられて、男はサラリーマン。女は結婚。これも就職だ。そして団地のマイホーム、と型どおりにパッケージされた生涯をたどって、やっと定年。そして老境。

システマティックに流されていく。流されているということで安心する。みんなとおなじだからってね。さんざんそうやってきたあとに、さて老後をどうしよう、余生の充実、なんて考えたって手遅れ、ナンセンスだ。

年をとってから——じゃないんだよ。そう考えること自体がダメなんだ。現在、この瞬間瞬間に生命をひらききり、生きているかどうか、なんだから。

「成人の日」っていうのがあるだろう？　二〇歳になった青年男女を集めて「成人式」をやる日だ。これから人間として社会に出発するという儀礼だが、いつも腹が立つ。今日、二〇歳の青年なんて、すでにどうしようもないオトナじゃないか。それぞれ自分の分際を心得て、ちゃっかり計算をたて、世の中に適応したポーズまで身につけた小市民だ。一目でわかる。

よく若者たちが合唱して、「しあわせなら手を叩こう、ポンポン」なんてやっているね。あれを見ると、ほんとうにケトバしてやりたくなる。あんなのは若さじゃない。人間の運命全体を引き受け、抵抗と闘いのなかに若さを爆発させるという意志のない、腑抜けどもだ。

世界は、他はどうでも、自分たちだけ楽しく、ポンポンと手を叩きあい、ハイしあわせ。裏返せば、すでにほんとうの生き方をオリてしまっている、つまりは腐った老人だ。決定的な精神の老化現象が醜く浮かびあがっている。

そういう連中を集めて、型どおり、お役所式のフォーマルな儀式。そんなものに耐えられるということ自体がすでに青春を失い、ニブくなっている証拠だよ。あんなものは「老人式」だ。「成人の日」ではなく、この日こそ「老人の日」にしたらいい。

だれでも幼い日は純粋に、無目的に生きて、この人生に素肌でひたとむきあっている。生きるなんてことを頭で考えなくとも、自然にふくれあがって、宇宙と合体している。

だが他を意識し、諸条件を知り、それに順応した瞬間から、ほとんどの人間はしぼんでしまう。小学校というシステムに入ったとたんに、それを思い知らされる。純粋な夢をかき消して、他から決められた基準のほうにあわせて、オリてしまう。その時点から老化がはじまるんだ。

ほんとうの人間は老いない。精神は己れを決意した瞬間からふくらみつづける。

あらゆる闘い、経験に耐え、つらぬきながら、運命をのり越え、いのちを輝かせていく。それがほんとうの青春だ。

年を経るにしたがって、それはいっそう強力に、幅ひろくなる。そして青春がもっともひらききった頂点において、いのち尽き、ドウと倒れる。

青春と肉体の破裂。それがぼくの信念だ。

「若者」と「年寄り」。そんな枠は無意味だよ。

ほんとうに生きている者はみな、一人ひとりが若者であり年寄りであって、全人間として生きているんだから。

第三章

人生は不純なものとの闘いだ

自分がノーと言ったものに、あえて飛び込んでいく

この社会のなかで純粋をつらぬこうとすれば、瞬間瞬間に阻《はば》まれる。法律、常識、しきたり…、さまざまな制約があらゆる行動を縛ろうとする。そんなものは本質的な問題ではないのに、譲歩し、守らなければ生活できない。

電車に乗るときだってそうだ。人間がA点からB点に移動するのは、本来、とても神聖な行為だ。それなのに、決められた場所に足を運び、やっと手が入る小さな窓に向かってひとが使い古したよれよれの汚い紙を差し出し、固く四角い別の紙と、じゃらじゃらと汚いおつりをもらってポケットに入れなきゃならない。大きなホールに入っていくと、ひとりしか通れない通路があって、通ろうとする者を胡散臭そうに眺めながらハサミを入れる輩《やから》がいる。

そういうことに対して、ぼくは大きな憤りを感じている。憤りながら、電車に乗っているんだ。人間がA点からB点に移動するのに、なぜあんなふうに疑われながら、屈辱的なことをやらされなければならないのか。人間対人間の問題として猛烈に腹が

立つ。でもただ乗りするわけじゃない。だから我慢する。人生はすべてそうだ。ルールは守る。だが従うわけではない。純粋な人間は、この矛盾のなかに生きなければならない。

矛盾から逃げない。それが人間としての誇りなんだ。

「オレは憤っている、ノーだ!」といって不純なものから逃げてしまったら、けっしてドラマは起こらない。逆に、自分がノーと言ったものに対して、あえて飛び込んでいく。それがほんとうの〝ノー〟だ。嫌いだからと敬遠し、知らん顔をしたら、それはもうノーじゃないし、ドラマも展開しない。

なにか大きな問題に対して、しっかり構えてノーと言う。もちろんそれも大事だけれど、電車に乗る、たったそれだけのことにノーを言うこともまた大事だ。抵抗感で歯ぎしりしながら切符を切ってもらって入っていく。じつはそういうことこそが大事なんだよ。

些細なことにノーという人間でなければ、大きな問題に対してもノーと言えない。ぼくはそう考えている。それに、大きな問題にノーを言うより、ごく些細な、だれも気づかないようなことにノーを突きつけるほうが、人間としてはるかにすばらしいし、〝ノーの態度〟としてもすばらしいとぼくは思う。

不純なものにわけ入り、純粋をつらぬくことは、けっして妥協じゃない。

多くの場合、闘うといっても、けっきょくは妥協になってしまうだろ？　政治でも社会でも、ほとんどがそうだ。右翼左翼といっても、右翼の官僚主義を否定する左翼がどんどん官僚的になっていく。妥協点を探ろうとすると、けっきょくはおなじことになってしまうんだよ。

だからぼくは妥協を認めない。不純のなかにわけ入ってなお、純粋を守りつづけなきゃいけないと思う。人間はこれからますます、純粋に闘っていかなきゃならない。純粋に闘うことだけが人生であって、いい条件を獲得しようなんていうケチな条件闘争は、人生の理想じゃない。

永遠にどうにもならないのが人間の運命であって、これからどんなに科学が発達し、どんなにシステムが改良されたって、人間のむなしさはなくならない。それどころか、むしろ逆に、もっともっと大きくなるにちがいない。

便利さとか都合のよさとか社会保障みたいな安易なシステムが整うほどに、そういった都合のいいことが重なれば重なるほど、人間はむなしくなる。そのむなしさにさえ気づかないほどむなしくなっていることについて、もっと考えないとダメだ。

そうでなければ、なんのためにこの世に生まれてきたのか、わからないじゃないか。

純粋であればあるほど、ひとは誤解される

ぼくはいろいろ危険を犯してきたし、誤解もされてきた。だけど、いや、だからこそ、おもしろいと思ってつらぬいている。恥ずべきことはなにひとつないんだ。

ぼくだけじゃないよ。この世の中は誤解に満ちているし、ひとはみな誤解のなかで生きている。勤め先でも、家庭のなかでも、さまざまな誤解がぶつかりあっている。純粋に生きようとすればするほどね。

誤解、それはたしかに忌《い》まわしいことにちがいない。異様な肌ざわりだ。が、そうであったとしても、ひとはなぜそこまで誤解を怖れるのか、ぼくにはわからない。

みんな、なにかにつけて、誤解されやしないかとびくびくしている。だけど、誤解というなら、実体ではないはずだろ？　それなのにひとは影におびえる。そしてお互いにすくみ、お互いを殺しあう。

なるほど誤解のおかげで損をすることはあるだろう。しかし、そんなものは長い目で見れば些細なアクシデントに過ぎない。だいいちそのような起伏こそ人生におけるニュアンスであって、それをのり越えていくところに言いようのない味わいがあるんじゃないか。ぼくはむしろ人生の必要条件であるとさえ言っていいと思う。

それなのに、だれもが「誤解されたくない」と言う。あるときには「オレはそんな人間じゃない」と憤り、あるときには「オレは誤解されている」と落ち込む。

じゃあ訊くけど、〝誤解のない自分〟って、いったい何なんだ？　そんなものがあるとしたら、せいぜい自分をこう見てほしいという願望のイメージだよ。

「誤解」には変なメカニズムがあるってことに気づくべきだ。

ほんとうの自分はそうではないのに、「こんなふうに見られたい」と思う。そして自分が期待するようには見てもらえないことを、誤解されていると考える。つまりは、

「こんなふうに誤解してほしい」と願うとおりに誤解してもらえない、というだけの話なのに、それが恨めしい。いい気なものだ。

ことに自分自身を平気で見つめることのできない人間、自信を喪失している人間は、他人の判断のなかにある「誤解」のほうが、じつは自分の実体なのではないかとひそかな恐怖感をもっている。誤解を恐れる人間は小人《しょうじん》なんだよ。

人間には「自分自身」などという実体はない。自分とはいつでも他に対する存在であって、自分自身、他に映る自分の像、そのかねあいにおいて自分がある。そのかねあいをどのように彩るか——それは、その個人の実力と運命にかかっている。

ぼくは、誤解されたほうがいい、誤解されなければならない、と考えている。誤解がこのかねあいの幅をぎりぎりとひろげ、自分で思ってもみなかったスケールにそのひとを追い込み、ひらくからだ。「こう見られたい」なんて甘ったれた考えは叩きつぶすべきだ。そうでなければ社会とは闘えない。

どう見られているかじゃなくて、これをやりたい、やる。やりたいこと、やったこと。それだけが自分なんだ。

純粋であればあるほど、誤解される。

誤解されることもできないような貧弱な人間の、どこに魅力がある?

世の中の多くの人々は妥協のなかで生活している。判で押したように形式的に行動し、ひとを見るときもその枠でしか見ない。そこから外れた、それをふみ越えてほんとうに生きようとする者をいぶかり、色眼鏡で見る。それどころか本能的な敵意さえ抱く。

純粋を強烈につらぬこうとすれば、世間なみのオテイサイにおさまっていることはできない。あえて信ずることをおしつらぬき、純粋に生きようとすれば、あらゆる罵《ば》言《げん》、反感、抵抗を覚悟しなければならない。だからぼくは言うんだ。ほんとうに生きる者こそ誤解され、誤解される分量に応じて、そのひとは豊かなのだと。

誤解されるひとの姿は美しい。

誤解の満艦飾《まんかんしょく》となって、誇らかに華やぐべきだ。

不純のなかにわけ入って、なお純粋をつらぬく

もともとぼくは〝ノー！〟と言いたい性質《たち》だから、好かれたくないという前提に立って生きている。じっさいこの日本で、〝鮮やかに好かれない〟という成果をあげてきた。まあ、ときには好かれることもあるけれど、好かれたくないという前提で好かれたんじゃしょうがない。それはご勝手だ。

ともかく、ぼくがいちばん大事だと思うのは、生まれてきた、自分が生きていることの社会のなかでノーを突きつけること。でもみんな惰性的だ。それが腹立たしいんだよ。

自分からノーを突きつけ、自ら犠牲者、つまり〝生《い》け贄《にえ》〟になる。そこからドラマを展開していく。

終戦後に日本に戻って仕事をはじめて以来、ぼくはつねにノーを言いつづけてきた。中途半端に妥協することは一度もしなかった。作品をつくることだけじゃなく、日本中をずいぶん見て歩いたし、『日本の伝統』『神秘日本』『日本再発見』『沖縄文化論』

など、日本についての本を何冊も書いた。十八歳からパリに行ったままだったから、日本を知りたい、身をもって知りたいと思ったからだ。

そのときもノーと言うことによって、つまり抵抗を受けることによって、日本を発見しようとした。そうすることがよろこびであり、生きがいになるってことを知っていたからね。

そうやっていつもノー、なんに対してもノーって言いつづけているけど、〝ノー！〟にはちがいや区別はないし、とうぜん「最大限にノー」とか「最小限にノー」なんてこともない。

なにより大切なのは、ノーと言ったあとに、けっしてやめないことだ。

ノーだからといって、「イヤだ、やめた！」なんてのはほんとうのノーじゃない。ぼくの言うノーとは、ノーと言いながら、あえてそれにはたらきかける、立ち向かっていくこと。

さっきも言ったけど、、ノーと言いながら逃げていたらドラマにならないだろう？

たとえば若い学生たちはすぐ反体制と言うけれど、体制のなかでやらなきゃならないことは山ほどある。憤りをもつことはとても純粋なことだけど、人生は杓子定規《しゃくしじょうぎ》に割り切れるものじゃないってことも忘れちゃいけない。

人生は、そういう純粋なものと不純なものとの闘いなんだ。

純粋なものが不純のなかにわけ入って、そのなかで血みどろになり泥まみれになって、それでもなお純粋をつらぬく。それがほんとうの純粋だ。

角がとれた自分自身に喧嘩をふっかける

ところが日本の社会では、まるくなることばかりを尊重する。「あのひとは角《かど》がとれている」とか「練れている」という評価を得ることが人格の理想像であり、褒め言葉の味になっている。ぼくにはこれがおもしろくない。

とくに芸術家の場合、そんな円満な人間になっちゃいけない。社会的にも自分自身に対しても、ぜったいにコンペイ糖で居つづけなきゃダメだ。

だれもが若いときには純粋なコンペイ糖だったろう。でも実社会の理不尽にぶつかっているうちに、そのあまりのえげつなさ、くだらなさに、「まともに相手になっても仕方がない、まあまあ、人生というものはこんなものだ」と、かなり強情なひとでも卑俗《ひぞく》な悟りをひらいていく。

こうして、角のおちた面を利用して、お互いに滑って、本質的なぶつかりあいを避け、うまくやっていくようになる。功利的でいやらしい根性だ。

相手もずるければこちらも結構ずるく、ずるい者同士で、まるく手を打つ。なんのことはない。低俗な世の中に、いつの間にか丸々といなされてしまったわけだ。〝おとな〟と称して、もののわかったようなそぶりをしているのは、たいていそういう連中だよ。そんなことは人生の極意でもなければ完成でもない。

河床《かしょう》のおびただしい砂利《じゃり》を見てごらん。

山奥で岩がくずれたばかりのときは、千変万化にとがっていても、それが谷川を転がされて、ながい年月かかって押し流され、川下に落ちつくころには、あっちへぶつかり、こっちへぶつかり、次第に角がとれて、どれも平々凡々な丸になってしまう。

世の中の現象もおなじこと。精神力もヘチマもありやしない。

河原の見渡すかぎりの砂利のなかで、もしすり減らされない結晶体のツノをギラギラさせている石があったら、それこそがホンモノだ。

もちろん簡単なことじゃない。仕事をしていていつも痛感するんだが、制作しているうちにだんだん調子がそろってくると、自分の世界ができあがり、ある種の満足感を感じるようになる。すると画面に充実した気分が出てきて、抵抗がなくなってくる。そうしてだんだん作品の角がとれてくる。絵はいつでも安易に完成したがるんだよ。

こうなると危ない。だからぼくは、自分の絵がまとまってきたら、それをぶちこわそうとがんばる。角がとれた自分自身に喧嘩をふっかける。コンペイ糖のようにトンがって、できあがった自分自身とぎりぎりに対決する。その緊張が仕事を支える。

対社会の場でもおなじだ。自分の立場や信念を純粋につらぬきとおし、独自の仕事を創造的に進めていこうとすれば、とうぜん大きな無理解にぶつかる。右から叩かれ、左からこづかれ、うしろから突きとばされる。

多くの作家はそういう抵抗に耐えかねて、無難な仕事のほうに逃げてしまう。だれにも肌ざわりがいいように、手ぎわよく作品をまとめ、ひたすらまるく——。

そういう作品は本質的な矛盾をはらんでいないから、退屈でやりきれない。ぼくはそういう八方美人的な態度を跳ねとばして、象徴的に、八方をがっかりさせるような態度をとる。満身に角を立てる。

はげしく自他に対決し、シャニムニ純粋さをぶつけていくと、じっさい想像もできないようなメチャクチャな反撃に出っくわす。こちらは正しく対応していても、くだらない目にあったり、いやな思いをしなければならない。このぼくでさえ、ときにはバカらしくなる。

そのバカバカしいな、という気持ちをもった途端に、自分の精神のツノの一角が折れて、ふと、自分がまるくなるのではないか、とドキッとするんだ。

もしまるくなってしまったら、生きている甲斐はないし、芸術なんかやる意味もない。だいいち岡本太郎じゃなくなってしまうじゃないか。

あくまでも自分を主張することによって、他にも頑強に主張させ、そのぶつかりあいの上に、ほんとうに生きがいのある社会と、純粋で明朗な芸術をつくり出す。それが憎まれっ子の役割だ。

純粋であればあるほど悩み苦しむ

青春時代には、だれもが自分を発見し、その自分であろうと決意する。とても純粋な衝動だ。だがその純粋さをつらぬこうとすれば、前途にあらゆる困難が待ち受けている。しかもすべてが未知であり、未経験だ。

すれっからしの大人なら、これにはこう対処すればいい、あれならこの手だと、経験があるからうまく対処できるし、実力があるから適切に捉えることができる。たとえ適切でなかったとしても、だいたいにおいて心構えがあるし、引き受ける形式を知っている。

ところが若いときには、さまざまな障害が覆いかぶさり、自分の前途に立ちはだかると、どうしたらいいのかまったくわからない。自分が絶望的なほど非力だと感じる。その非力をだれにも訴えようがないし、じっさい力がないんだから、自分自身が悩むほかはない。

世の中は強大で、自分は非力。非力であればあるほど、世の中が強く見える。自分が知っていることと正反対なことが世の中に満ち満ちている。そういうものが〝純粋はとおさない〟と迫ってくる。

そこで若者は悩む。純粋であればあるほど悩み苦しむ。そしてこのとき、大半の若者は「とてもこれではダメだ」と諦める。

二十歳の成人式を迎えるころ、たいていの者は一人前の大人だ。かなりのすれっからしになって、世の中を適当にさばく術《すべ》を心得ている。自分の純粋さ、自分がつらぬこうとしていたことを放り出して、世の中に順応するという形で人格形成をしていく。

こうしてみんな〝おとな〟になってしまう。

十四～五～六歳あたりから〝おとな〟になりはじめ、大人以上に大人みたいな人間が二十歳の時代にできあがる。なぜそんなことになるのか。

小学校の一年生、二年生くらいまでは、親たちも先生も甘やかして、どんなに騒いでもどんなに馬鹿なことをやっても頭をなでてくれる。ところが三年生ぐらいになると急に、「お前たちはもうこどもじゃない」と言わんばかりに、寛大ではなくなる。

絵を見るとそれがよくわかる。

小学校の一～二年生ごろまでは、みんな奔放な絵を描く。下手くそだろうがかまわず描いている。そこにはおもしろさやハツラツとした自由闊達《かったつ》な気力がある。ところが三年生ぐらいになると、だんだんと絵が写実的になってくる。自分の外の世界を意識するようになるからだ。まわりの眼を気にするようになるし、うまく描こうとするようになる。

すると途端に絵がつまらなくなる。しかもそれだけに終わらない。絵自体がつまらないのと同時に、こどもたちの方でも絵を描くことがつまらなくなる。

ぼくがこどものころもそうだった。先生がうまいのと下手なのを区別する。うまくない子は「お前はうまくない」と思い知らされる。うまい絵が貼り出されて二重丸、三重丸をつけられるのに、下手なのはぜんぜん見向きもされない。こうして「絵を描きたい」という自分の気持ちを自然に吐き出す機会が失われていく。

自分の力の限界を思い知らされるわけだ。絵だけじゃないよ。あらゆること――たとえば運動のときも足の速い子と遅い子は区別されるだろう？　野球で遊ぶときだって、うまい子と下手な子は区別される。

だんだんと自分の位置を思い知らされ、社会意識が形成されていく。それまでは一視同仁《いっしどうじん》で、どんなに下手でも拙《つたな》くても一緒に遊べたのに、もう遊べなくなる。

中学になるとさらに厳密になって、たとえばスポーツでいえば選手制度があって、野球部とか何々部とかができて、だれでもやれるものではなくなってしまう。選手だけが特典を与えられ、専門家として養成されるというシステムだ。こうしてそれまで許されたことが許されなくなるし、高校に行けば、さらにそういうことがはっきりしてくる。

立ちはだかる空虚なシステム

その先に立ちはだかっているのが、受験という愚劣な教育システムだ。中学を終えたらいい高校に入って、有名大学へ。入ったあとは、不自然な官僚システムが大きな波のように覆いかぶさる。

一方で有名校や上の学校に入れない若者には劣等感を植えつける。どうせたいしたものになれないと、彼らは自分で前途を遮断してしまう。いかに非人間的なことか。

大学にしても、ちょっとした教養を身につけて就職するためであって、ほんとうに勉強している者などわずかしかいない。たいへんな無駄だ。それをやれる者が無駄な時間をかけるのはいいとしても、入れなかった若者のことを考えれば、非人間的な社会悪というべきだろう。

大学とは本来、学問を人生目的にするひと、あるいはサイエンスなどの特殊技能を身につけるために行くところだ。そうじゃないなら、自分が必要と思う期間だけ、必要な大学に行けばいい。

一般教養だけのためなら、高校を充実させればいいんだ。「大学卒業」なんて資格は認定しない方がいい。

フリーで勉強したいひとはだれでも行ける大学——たとえばパリ大学などは、医科や理工系など特殊な部門をのぞいて、文系はだれでも聴講できる。資格をとるのは大変だけど、だれでも学問を身につけられる。

日本にも聴講生の制度はあるだろうが、卒業して就職するだけの大学では行ってみたいという気持ちにはなれない。これからは、むしろ聴講生のほうを拡大し、勉強したい者はだれでも籍を置くことができるような形式を政府は考えるべきだ。

現状は秀才を選《よ》りすぐっているように見えるけれど、ガリ勉で覚えた試験勉強なんて何の役にも立たないし、会社に入った途端に全部放棄するなんていう学問は、ほんとうの学問じゃない。

そういう空虚なシステムが、こどものときから全部にふりかかってくる。

誤解するなら、してみろ！

ぼく自身、若いころには猛烈に苦しんだ。小学校に入る前からだ。

芸術家の家庭に育てられ、というより野放しのように生い育ったから、きっとむきだしの精神だけが研ぎ澄まされていったんだろう。ものごころがついたときから激しく主張した。ガムシャラだった。先生だろうが先輩だろうがかまわずにね。

自分のスジがことごとくぶつかり、ぞっとするほど歪められた。みんなはぼくを変わり者扱いするだけで、こどものくせに屁理屈屋だと片づけてしまう。

自分の直観でつかむものと、眼で、肌でたしかめる外の世界との言いようのない食いちがいをだれにも訴えることができない。それは猛烈にキシんで苦痛だった。

その後も、二十五～六歳ごろまで暗い青春を送った。毎朝目を覚ますと、床のなかで暗い洞穴に落ち込んでいくような気持ちを味わった。朝、顔を洗おうとして鏡を見ると、自分の顔が歪んでいる。そう思えば思うほど一種の自己嫌悪を感じ、人に会うときはつとめてニコニコ笑った。相手はきっと快活な若者だと思っただろうが、じっさいのぼくはとても暗かった。

青春はあかるく希望に満ちていると言われるけれど、純粋な者にとって青春はとても苦しい。ごまかす者、にぶい者にはいいかもしれないが、ごまかし得ない人間には猛烈に暗い時代だ。

社会の抵抗と闘って純粋を保ち、自分のいのちを自由にひらきたい。そう願う気持ちを強くもつ者にとって、あらゆる制約はますます苦痛になる。だから、希望をもちながらも暗い。それが若者の暗さだ。

みんな若い時代はあかるいと考えているけれど、青春って、じつは暗いんだよ。しまいには人の眼がまともに見られないほど動揺した。そして絶望したある日、覚悟した。

自分自身に対して徹底的に残酷になろう。でなければ道はひらけないってね。

他人は自分にとって不当な存在だが、まずは自分自身が自分に対して不当であるべきだ。こちらから積極的に誤解をひっかぶろう。あらゆる卑俗なものから高度なものまでひっくるめて、異様な扮装《ふんそう》のように異物をひっかぶり、かぶせられ、自らそれを引き受ける。

それが人間的に、男らしく生きることではないのか。この現し身《うつ》は自分自身の、そして社会の、象徴的な生け贄であってかまわない。そう覚悟したんだ。

以来、ぼくは誤解の満艦飾だ。それをさらに豊かに華やかす。それを誇りに感じている。

すべての人が、それぞれの責任、個性に応じ、あらゆるイマジネーションに彩られた粉飾をまといながら、平気でぶつかりあう。そうやって緊張したハーモニーを盛りあげていけば、世界は充実し昂揚《こうよう》するだろう。

たしかに人間本来の願いは自分と世界を統一することだ。が、そのハーモニーは、とかく考えられているように、妥協の上に成り立つものじゃない。お互いに強烈なエネルギーの伝播《でんぱ》の応酬でひらききるものなんだ。

誤解し、誤解される。虚々実々のわたりあいは力となり、人間相互のふくらみの条件だ。

誤解するなら、してみろ！　そう決意すればいいんだよ。

第四章

人間は樹に登りそこなった

不器用な祖先は地上にとり残された

人間の先祖は猿か、またはそれに近い森の動物だったというのが、進化論以来、生物学の定説になっている。洪積世《こうせきせい》前期あたりに樹からおり、両足だけで身体《からだ》をささえ、直立し、手が自由になった。そこから道具、技術、文化が出発し、人間の尊厳がはじまった——というわけだ。

ぼくたちの祖先がお猿さんだったということは、いかにもらしく、ピンと来る。だが、この進化論的道筋は、実感としてどうも納得できない。

ぼくには異論がある。

樹からおりて、そこに輝かしい人間の伝統が——なんて、いかにも颯爽《さっそう》としているけれど、じつは道筋はさかさまで、わが先祖は樹に登りそこなったのではないか。

つまり不器用な先祖が時代に適応し得なかっただけで、そのつまずき、そこに人間の起原、大きな運命のポイントがあるにちがいないとぼくは睨んでいる。

むかしむかし、地上にはアダムとイヴの神話のような——まあ話ほどの楽園ではなかったかもしれないが、いちおう裸でのんびりと遊んでいられるような生活のハーモニーがあった。

ところが、氷河来襲。いままでホカホカと温かくて、食べ物も豊かだった世界が次第に冷えはじめ、おそろしい寒気と飢えが襲ってきた。

住み馴れた環境の充実と調和は崩れ去り、地上の動物たちはうろたえる。あるものは素早く羽をのばして空をとんだり、チャッカリ地底にもぐり込んだり、また身軽に、南の温かい方に新天地をもとめて逃げ出した。

追われて逃げまどう動物たちがぶつかりあって混乱し、地上はさながら戦国時代だ。獣たちの相食《は》む弱肉強食は恐怖時代を現出しただろう。

このとき樹に登ってしまえば敵は少ないし、食べ物にしても他の動物がとどかないところに実っているものが手に入る。樹の上はひとつの血路《けつろ》だった。

サルというわれわれの先祖は、鮮やかにこの状態、環境に適応して、するすると樹上に登った。そして敏捷《びんしょう》で身軽な性質を利用して、樹から樹をつたっては、地上にウヨウヨいる狂暴なキバを避けながら、颯爽と輝く太陽を求めて南下していった。

ところがぼくたちの直系の先祖はマヌケで、身軽に樹に登れなかったに相違ない。要するに地上にとり残されたんだよ。要領が悪かったんだ。

ぼく自身、生来、驚くほど不器用で、かなりの年になるまで紐ひとつ満足に結べなかった。いまでも危なっかしい。

こどものころは腕白だったけれど、樹登りだけはてんでダメ。ほかのこどもたちがするすると登るのを見て、口惜しくてしかたがなかった。なんとかやってみようと苦心するんだけれど、身体の出来がちがうらしくて、どうにもならない。ぼくは樹に登れないお猿さんだったんだ。

枝の上の仲間たちを眺めながら、恨めしさと、逆に「なんだ、あいつらは」という、なんともいえない軽蔑感。その絡みあいで身体じゅうが熱くなった。残酷な思い出だ。まるでぼく自身が人類の歴史みたいじゃないか。「人類の先祖樹登り失敗説」は体験にもとづくぼくの直観に過ぎないけれど、人間的に正しい論拠をもっている。

登れたか登れなかったか、時代にチャッカリ便乗できたかできなかったか、それが猿と人間のわかれ目だ。そこに、人間の猿に対する伝統的なひがみが出てくる所以《ゆえん》がある。

だれだって猿に比べられたら、とたんに憤慨するだろう？　一種特別な嫌悪感でやっきになるのは、かつて祖先が太古のちゃっかり者、猿族に対して抱いていたコンプレックスの遺産にちがいない。

キミもきっと檻の前で猿と睨みあったことがあるだろう。あいつらの目つきを見ていると、なんともいえない困惑、バツの悪さのようなものを感じる。お互いに、暗い過去の敵対感情、階級意識みたいなものがムラムラとよみがえってくるんだよ。

「登りやがったな」

「なんだ、テメエは登れなかったくせに！」

生きのびるために、道具をつくり、火を使いこなす

絶望的なほど肉体条件が劣っていて、樹に登りそこなった人間は、生きのびていくためにいろいろ考えなければならなかった。

下ばかり見て歩いていても、財布が落ちているわけじゃない。なんとかしなければ、と懸命に知恵をしぼった結果、石っころを投げたり、棒っきれを振りまわしたりして、やっと獲物をとり、さらに苦心惨憺《さんたん》、木や石を加工して道具をつくり出した。火を使いこなし、猛獣の危害から身を守ったり、土器をつくったりするようにもなった。

次第に知能とやらが発達し、高度な技術を発明・創造して、ついに今日のような驚異的な文化を築きあげるようになった――というわけだ。めでたし、めでたし。

つまり登りそこなって窮地に陥ったために、やむを得ず進歩的たらざるを得なかった。これが今日のめざましい技術と文化が花ひらく、そもそものきっかけだ。

一方、猿たちの方は、安全で豊かな境遇にはいあがって、のうのうと腰をすえ、人間なんかをはるかに見くだしていたんだろうが、幸か不幸か恵まれていたために、現状維持の保守主義者になってしまった。だから、今日まで何十万年のあいだ、猿はいっこうに変わりばえもせず、猿のままなんだよ。

「人間は道具をつくる動物である」という言葉のとおり、たしかに道具を発明し、技術をもったことは、他の動物に比べて輝かしい人類の勝利であり、栄光だ。

だが、それを裏返せば、生命の均衡を豊かに保つ天性の自然児になり損ねた、きわめて迂遠《うえん》な苦労の多い方法で、自ら生産して生きなければならない不幸な動物になりさがった、ともいえる。

働かなければ食えないなんて、不自由な、奴隷的で卑しい生き方を考え出した奴はケシカランと、つくづく思うね。

鳥を見たって、猿を見たって、じつに胸がすーっとするほど鮮やかに生きているじゃないか。彼らは日なたぼっこでもしながら、自然に与えられたものを食えばいい。いつか記録映画で、朝から晩まで食べどおしというアマゾンの猿を見たことがあるが、うまそうに一日じゅう楽しんでいる。

もちろん彼らにだって食わんがための努力、戦い、力関係はあるだろう。群の掟だってある。でも、モラルとか社会なんていう、生産に由来する人間関係のいやったらしさ、まわりくどいごまかし、粘りつく重っくるしさはないはずだ。

人間社会の惨憺たる営み——賃上げ闘争やストライキも、首切りも、就職試験も、汚職も、税金も、勤務評定も、停年退職も、猿には無縁だ。隣の奥さんが変な目つきをしたとか、足に泥水をひっかけられたとか、滑ったの転んだの。悔いたり、妬《ねた》んだり、気をまわしてみたり——そんな屈辱も、もちろんない。

鳥が餌を探しているときは、純粋にただ見つければいい。獲物をつかんで、パッと飛びたつときのよろこび、その充実は無条件だ。だが人間はそうはいかない。充分に食べられるということ、そのよろこびのなかにさえ、罪悪感、反省など、ヘンなものが入りこんでくる。

新聞を見ても、貧困のあまり親を殺した娘がいるとか、大量の首切り、中近東では民族独立のために血を流している、などという冷たいニュースばかりだ。こういうなかで安閑《あんかん》としていていいのか、なんて、人間的で、自覚と誠実があればあるほど悩む。

このシチメンドクサイ、いやったらしい宿命は、いつに樹に登りそこなったことにはじまっている。太古の暗い意識は永久に人間存在の奥底にのこり、あらゆる瞬間に、この最初のつまずきがにじみ出る。

人間の意識、文化の根底には、いつでも人間の誇り、価値、その自負と背中合わせに、人間というものはなににも増して愚劣な、無価値な、不幸な存在であるという、苦い絶望感がひそんでいる。

人間はなんで生きているんだろう、なんのために！

自分、そして人類のすべてに対する疑い。いままで価値だと思っていたものはすべてイリュージョン、いっそ死んじゃった方がいい、スッパリ消えてしまったらどんなに清々《せいせい》するだろう、と真剣に思う。

しかし次の瞬間、いや、やっぱり生きなきゃ、「オレは生きよう！」なんて、ひどく興奮して、再出発を誓ったりする。だれに頼まれたわけでもないのに。まったく御苦労な話だ。

こんな、必要であるような、まったく不必要でもあるような悩み、それこそ人間的だ。文学でも、絵でも、あらゆる人間の精神活動はその複雑な矛盾の上に成り立っている。

樹に登らなかったのは、そう決意したからではないか

もしほんとうに樹からおりたのなら、おりたくて勝手におりたんだったら、このような奇妙な悔いがあるはずはない。

だから人間の歴史は宿命的に悲劇的なんだ。歴史が進めば進むほど、技術が発達し、文明が高度にひらけるほどに、悔いが深くなってくるんだよ。

世界宗教、真に人間的な幅をもった宗教はすべてペシミスティックだ。仏教にしろ、キリスト教にしろ、死ななきゃ許してくれない。

人間が人間として生まれてくる以前、つまり樹登り以前か、人間でなくなってしまう彼岸にのみ理想を描いている。現世は苛酷きわまる条件、徹底的な禁欲、苦行、戒律を生身に課すことによって、辛うじて生きる意味を与えられる。

うまいものを食っちゃいけない、美人を見ても色気をおこしちゃいけないなんて、いちばんいいものをみんなとりあげて、生命《いのち》を傷めたり、卑しめたり、生きるよろこびをすっかり抜いてしまってから、やっと〝よし〟という。

徹底した人間否定の気配——登りそこないの証拠だ。

失楽園の神話にしても、イマジネーションは単純だが、その悔いを痛切に表出している「原罪」の意識だ。キリスト教では一種ヒステリックな叫びでそれを強調し、神の許し、救済というメカニズムに結びつけて、人間本来の問題を外らしてしまった。

人間は罪を犯した。悔い改めよ。神の御前につぐなわれる。

そんな都合のいい「お話」にしてしまったために、問題が外らされて二千年、大きなロスだ。この問題はもっと根源的で、生々しく深いものだとぼくは思う。

条件の悪い、いわば呪われた人間が、絶滅せずに耐え、生きながらえてきた。

いいがたい抵抗感、不当、屈辱。人間であること、生きるということ自体への屈辱と、それへの妄執《もうしゅう》——なんて書いてくると、やりきれないほどペシミスティックになってしまう。だが、ぼくが提起したいほんとうの問題は、じつはまったく別なポイントにある。

登れなかったのは、たしかに不幸な人間の限界であり、つまずきだった。でも、最初の人間はそれを逆手にとって、ポジティブにひっくり返した。

そこにぼくは「人間」の最初の意志を見る。

ほんとうに樹の上に逃れたければ、つまりは御時世に順応したければ、登れないことはなかった、かもしれない。だがついに登らなかったのは、「登らないことを決意した」からではなかったか。

たしかにそのとき、自然のなかで、人間は孤独だった。だが己れの限界に直面して、これを戦闘的に肯定し、悔恨を転じて力とする。悲劇的肯定をもって、苛酷に、反逆的に、自然に対して立ち向かった。運命に逆行して自分を賭けていくことが生きがいであり、それによって生命をうちひらくということを直観して。

危機はいつでも、あれかこれかの二者択一を迫る。安易なルートと、滅亡を予感させる険しい抵抗の道。

人間は後者を意志した。まるで近代ニヒリズムのヒーローみたいだが、このロマンティスムこそ、もっとも純粋に人間的じゃないか。

樹に登りそこなった、しかし同時に、あえて登らないことを決意し、それを誇りとした最初の人間をぼくは讃《たた》える。

人類起源に新説を打ち立てる、などというと、生物学者でもないくせになにを言い出すのか、と呆れられるかもしれないが、この「登りそこない」は、何十万年前の人間の出発であると同時に、現在この瞬間の問題なんだ。

危機はぼくたちの生きている瞬間瞬間にある。

登るか、登らないか。戦うか、逃れるか。

ぼくたちは、たえず二者択一の決断を迫られている。いつだって氷河期だ。そして、どんなときも安易な樹上への道はある。

決然と未知のルートに突っ込んでいく

同時にそれは現代芸術の課題でもある。人間における初源的な矛盾は、どうにもならない芸術家の実感だからだ。

たとえば絵を描こうとする。――多くの絵描きたちは抵抗を感じない。熟練した手はするすると軌道の上の車のように、頭より先に走っていく。そこでは過去の蓄積が、あますところなく発揮される。

だが、もし真に人間的な芸術家だったら、そうはいかない。そんな確実な「手練」はもちろん、身につけた技法のすべて、「絵」という額縁に入ったような概念までをも根本的に疑うはずだ。その瞬間以前の蓄積をすべて、まったく無きものにしてしまわなければ、創造の情熱がわき起ってこないからだ。

真白いキャンバスの前で、こちらも白紙。

なにを描くのか、なんのために——最初の抵抗だ。瞬間の躊躇、それは危機だ。いったいなぜ描くのか。まったく無意味な気がする。

なにかを描かなきゃならないから描くのか。——ばかばかしい。

ひとが喜ぶからか。——ひとを喜ばせるなんて、卑しい。

美のため。社会のため？——糞くらえ。

そんな使命がはたして人間的なのか。もしだれもが芸術なんてものを愛好するとしても、逆にそれを嫌悪し、ガッカリしているのがほんとうの芸術家じゃないか。

無意味、屈辱、絶望の虚無感から出発するものだけを、ぼくは芸術家と認める。

瞬間瞬間、その虚無をのり超えて、創る。

無を有に転換しなければならない。樹上の道を拒否して、決然と、未知のルートに突っ込んでいく。最初の人間のようにね。

絵描きがただ絵を描いて、展覧会に出品し、評判を気にしたり、売れるとか売れないとか、この頃の傾向は？　とか、時代に遅れてバスに乗りそこないやしないか――なんて、そんなことに神経を使っているのを見ると、陽あたりのよい枝の上にはいあがって、あたりをキョロキョロ見まわしている猿そっくりで、ひどく滑稽だ。

なぜ絵を描くのかと彼らに問えば、美のためだといい、また生活のためだという。なにも疑ってない。

先年ある新聞社がフランスの著名な画家たちに「あなたはなぜ絵を描くのか？」というアンケートを出した。十数名の返事のことごとくが、判で捺《お》したように「美のために。美なくしてなんの生きがいぞ」とか、「私は絵を描かずには一日も生きていられないんだ」とかいう類いだった。ひどく女々しい。

職能的に絵を描くことの空虚さ、バカバカしさ。さらに、ただ描きたいから描くんだ、などというイージーなディレッタンティスムは一段と不潔だ。そんな奴らにかぎって、御時世とともに自分の居どころを少しずつ移動させていく。

ついこの間まで、きれいなタペストリーの前に女の子を裸にして、寝かせたり、脚を組ませてみたり、ぬくぬくといい気持ちで描いていたのに、「そんなのはもう古い」「絵じゃない」「パリだってニューヨークだって、モダンアートばっかりになった」なんてことになると、さあたいへん、ボスの一声で、途端にウロウロと移動準備を開始する。

まっすぐな線を引けとか、丸や三角が新しいとか、いやそうじゃない、絵具をチューブでなすりつけろ、溶いてぶっかけてハネとばせ、汁を垂らすんだ、いやガラクタを集めろ——なんて、この数年、右往左往だ。

こう盛大な「新しい絵」の時代になると、終戦直後からまったく孤軍奮闘、新しい絵を主張し、古い画壇とケンカしてきたぼくとしては、大勝利。大いに成果があがったわけだが、あまり嬉しくない。

アヴァンギャルドに形は似ているが、多くはモダニズムのお猿さん。試験ずみのパターンの敷き写しであり、時勢にのった新しい錦の御《み》旗に便乗しているに過ぎない。こういうのを見るたびに、ぼくはかつて氷河期に生きながらえた人間の孤独でストイックな姿を思い浮かべる。

けれども、そういう風にケロリと目先を変え、御時世に合わせる方が、かならず評判がいい。「時代に即応して自己批判する誠実で良心的な芸術家」というわけだ。評価する方もお猿さんだから、相互のオポチュニズムで弱みをごまかしあう、馴れあいの集団的不潔だ。バカバカしい。

閉ざされた場所であると同時に、ひらかれた世界

別の樹の上には、日本調という猿もはびこりはじめた。

ヨーロッパでもアメリカでも、たいへんな日本ブームだ。ウタマロ、日光、フジヤマ、ゲイシャはもう古い。禅、お茶、龍安寺——今度はワビ、シブミのミステリーだ。どうやら向こうの好みも、近ごろは生命力が細ってきたらしい。

そうなると、輸出向けの日本文化は途端に、お誂《あつら》えにあわせてぐっと渋くなる。それだけならまだいいが、国内でとりあげるものさえジャポニカが幅を効かせ出す。日本で日本調！　嗚呼《ああ》！

どうも日ごろから不思議に思っているのだが、外国で褒められたとか、評判がいいとかいうと、途端に〝世界的〟になったつもりになる。日本は世界じゃないと思い込んでいるらしい。これでは自分自身より鏡に映っている方がほんとうの自分だと錯覚しているようなものじゃないか。

外国ではなく、ぼくたちにとって日本こそ世界なんだ。

ぼくたちが住み、生き、責任をもつこの場所、それはひとつの閉ざされた場所であると同時に、ひらかれた世界的世界だ。

芸術なんて、スタイルではないし、才能でもない。まして人気や評判でもない。

この土地の上で、他人に好かれるとか喜ばれるなんていう裏づけ、寄りかかりなしで、孤独にそれ自体で突っ立っている。それが芸術本来の姿だ。

ぼくたちにとって「日本」は趣味や形式じゃない。パリ、ニューヨーク、モスクワで禅やお茶や墨絵がどんなに評判がよくたって、そんなものは向こうの問題だ。褒められたからといって急に肩身がひろくなったり、好かれて嬉しくなるなんて女々しい。相手の規準に応じてポーズを変え、大向うに調子をあわせる。それではスーベニアショップかプロスティテューションだ。そのような土台の上にある日本ブームなら、文化交流どころか、世界的堕落、デカダンスだよ。

極端な言い方をしよう。褒められるどころか、むしろ逆に向こうがヘコタレ、困惑するような現代日本を突きつけ、押し出すべきだ。もしわれわれにそういうヴァイタリティが無いなら、文化も芸術もへったくれもない。

そのぶっつけあいによって、新しい問題を発見し、相互に変貌する。そうすることで、はじめて正しい文化交流になる。

みんな国をあげて樹に登り、乗り遅れまいとして右往左往している。さてどうしようか、ぐずぐず様子を見ていた奴も、最終バスが出そうになると、慌ててとび乗る。

それに対して、流れにさからって「ノー！」と言い、孤独に反時代精神をつらぬいていく。それが正統の人間であり、芸術家、アヴァンギャルドだ。

かつてノーと言った人間が自然のなかで孤立したように、今日のアヴァンギャルドも俗世間のハーモニーから見れば異端者だ。時代にさからってひとりでノー！なんて力《りき》んでいい気なものだ、と嘲笑するのはご勝手だ。

たった一枚のノーの切札が時代をおし進めていく

氷河時代、人類の曙《あけぼの》に話を戻そう。

シンと凍《い》てついた氷の世界。猿どもやすばしこい虎、ライオンの類いが温かい南方に疎開したあと、そこには静寂なハーモニーがよみがえっている。

白一色のなかを、のっそりのっそりと優雅に散歩しているのは、深々と毛皮を着こんだ白熊たち。静けさを破って、ときどき無気味な咆哮《ほうこう》が聞こえる。巨大なマンモスだ。その響きが氷の山肌にこだましながら消えていくと、あたりは一段と静かになる。

ふと見るとヘンテコなのがいる。雪の割れ目の黒い穴ぼこからとび出して、とがった槍《やり》だの、こん棒だののをむやみやたらに振りまわし、奇声をあげている。寒そうな裸のうえに、毛皮をぐるぐる巻き、目の色を変えて、一日じゅう氷のなかを駈けめぐって食べ物を探している。

他の動物には、珍無類《ちんむるい》に見えたろう。なんだ、あいつらの物々しいヘッピリ腰は！　無理してやがる。毛のないハダカ野郎が、変なものを身体にくっつけたり、苦労して火なんか焚《た》いて。——おかしなヤツらだ。

だれが考えても、この原始人たちの生活ぶりは、どだいケタ外れの無理だった。温かい南の方でのんびり暮らせばいいものを、こんなところで人騒がせな。

とうぜん他の動物たちのようにスムーズに、優美に、颯爽というわけにはいかない。場ちがい、妙チキリン、まさに自然のハーモニーを踏みはずした道化者だ。

だからこそ、ぼくは彼らを高く買う。あえて闘い、自然と時代に挑み、徹底的に無理をした。その反時代的生き方のすばらしさ。彼らこそアヴァンギャルド、わが直系の祖先だ。

アルタミラ、ラスコーなどの洞窟の壁には、いまなお彼らの残した芸術を見ることができる。その鮮やかさに現代人は驚嘆する。たしかにすばらしい。

だがぼくは、その巧みさには驚かない。それよりも、線や形のうしろにある、それを描きつくったひとたちの生き方を感じとり、その戦慄にみちた冒険、たくましさ、激しさに、より強烈な芸術的感動を覚えるんだ。

以来、何十万年のあいだ、ずいぶん無理を重ね、苦労のしどおし。しかも今日また、猛然とそれに耐え、「登らない」ことを決意する人間がいる。多数の猿どもに対して、ノーと叫ぶ。

なるほど孤独なその叫びは、最後の最後まで負い目に見えるだろう。しかしたった一枚のノーの切札が、すべての堕落した猿どもをひっくるめてポジティブに逆転させ、時代をおし進めていくんだ。

じつはどんな猿根性にも、心の奥深くかすかに人間の初源的「ノー!」が、ストイックな思い出としてひそんでいる。だからアヴァンギャルドは孤独であっても力なんだ。猿どもの抵抗をこえて、一見不可解に見える切札を、ますます容赦なく、強烈にぶっつける。そうしなければダメなんだよ。

激しく厳しい、運命の美しさ

動物といえば、いつだったか、ディズニー映画『自然の驚異』シリーズでオットセイの生態を見たことがある。科学映画なんだが、人間的感動としてぼくを圧倒した。

北海の孤島の荒涼とした海岸。おびただしいオットセイの群が、一面に黒々とした岩肌をうずめている。巨大なオスが、二十頭から三十頭ものメスをまわりに侍《はべ》らせ、戦国時代の諸侯のように、己れの領土をかためて君臨している。そんなハーレムが幾組も幾組もところ狭しと群をなし、まさに群雄割拠の奇観だ。

オットセイは北洋に住む海獣だが、秋から冬には南下し、春になると北上する。年々きまった島に上陸し、繁殖する。まずオスたちが浜にあがり、互いに闘ってそれぞれの縄ばりを決める。後から上陸してくるメスたちを獲得するために決闘し、実力に応じて、三十頭、五十頭、ときには百頭もの美女を擁したハーレムをつくるわけだ。

群の首領であるオスは堂々とたくましい。まさに男性的で、誇らしげだ。

だがそれは、彼が力と若さに輝いているあいだの栄誉に過ぎない。やがて老いがじわじわ彼を弱めると、若さと野心にあふれた新しい英雄が己れの力を自覚して、王者に決戦を挑む。

ハーレムのメスたち、他のオットセイがぐるっとまわりをとり巻いて観戦する運命の場所で、いよいよ決闘がはじまる。

手脚のない鈍重なオットセイ同士が、その巨体を激しくぶつけあい、噛みあう。むごたらしい死闘だ。異様な興奮が盛りあがるが、闘う者にも見る者にも表情がない。くるくるっとした無数の眼が、不気味に光っているだけだ。

かつての覇者は何度か防衛に成功するかもしれない。だがいつか決定的な瞬間がくる。ついに敗れ、没落する。

彼は血に染まりながら、群が見守るなかをただ独り、よたよたと浜を横切り、鉛色の海のなかにザーッと恥深い身をひたしていく。孤独な姿。寒空に口を突きあげて、くるくるした眼は無表情のままだ。

運命そのもののようなその姿はしかし、勝ち誇って咆哮《ほうこう》している若いオスよりはるかに男性的であり、悲壮な美しさがある。激しく、きびしい。それは社会における人間の運命を象徴しているように思えた。運命の美しさだ。

人間のメスだったら、感動しちゃって「どこまでも一緒に」なんてぞろぞろくっついて行く奴が出てくるのだろうが、ここではちがう。いままで鞠躬如《きっきゅうじょ》として大君にかしずいていた後宮のメスたちは、十二単衣を着たようなかっこうでペタッと坐ったまま、まったく平気、知らん顔をしている。すでに新しいオトドによりそって、なにごともなかったかのようだ。

自然世界の残酷さに思わず声を飲むが、オットセイのメスにとって男性は力なのだ。力が彼女らの主であって、それが「何の誰兵衛」であるかは問題にならないのだろう。

ぼくたちは運命を個人の単位、個性として見るから、去っていく敗者の姿にロマンチックな感動をおぼえるけれど、オットセイの世界はまことにさっぱりしている。

悲劇的な姿こそ、ひらききった美しさが現出する

こういうことを言うと、人間だってちっとも変わりはないさ、男はつまり力だ、と

言いたくなるかもしれない。たしかにそういう面はあるだろう。

ではいったい人間における力とはなにか？

あらゆる幅において、社会に働きかける強い力だ。たとえば古代国家の帝王のような絶対的な権力者。その姿に男性的象徴の究極を見るのが普通だろう。

でもぼくはそう思わない。ゆるぎない形式の上に坐っているという形に、男性的血の熱さを感じないからだ。それは神格であって、人間的男性のありようじゃない。

不思議なことに、一般的に男性的男性の典型として思い描くイメージ——たとえばシーザー、ナポレオン、日本でいえばスサノオノミコト、ヤマトタケルノミコトにしても、あるいは織田信長でも、みんな激しく闘いとり、悲劇的に滅びた人間だ。

彼らの力と栄光は危機の要素を内包している。無限の魅力だ。それが男性的男性の要件なのか。

いささかロマンチックに過ぎるかもしれないが、しかし考えてみれば、絶対に滅びないもの、いつも力だけで勝つ、勝つに決まっているものに男性的魅力はない。

意志によって危機に己れを投げ、その運命にあえて身を置く男。だからこそ栄光の頂点において没落を予感させる、その悲劇的な姿にこそ、恍惚とするような男性的男性の、ひらききった美しさが現出するのではないか。

女にとって、このような男はたんに力への讃美、憧れの対象じゃない。その圧倒的な力の裏にある脆《もろ》さ、意外な未熟さに魅せられているんだよ。

男性的男性の弱さを、女は本能的に見抜いている。

それはいつか彼女がいたわり、かばってやらなければならない、そして駄々ッ子のようにたしなめてやらなければならない、男の半面だ。それが激しく、女性のうちにひそむ母性の情感に訴える。

女は傷ついた失意の英雄を、ピエタにおけるマリアのように、抱きかかえる。

だが男同士はちがう。英雄をいただき、その栄光、輝きによって己れの力を高める。しかし没落する者には無慈悲な黙殺しかない。オットセイの話とは皮肉な対照だが、人間の場合、新しい力に意地もなくやすやすと寄りそってしまうのは男の方だ。

だが悲劇的英雄は男にとって「運命」の象徴だ。彼こそ見失った夢であり、したがって悔いであり、自己処罰でもある。だから英雄に対するコンプレックスな共感は痛切なんだ。

強者ゆえにまともに運命にぶつかり、敗北する。

われわれは、その敗北を不当だと感じる。客観的に見れば、それは必然であり、すでに孕《はら》んでいた危機であって、彼が自ら招いたものであるにちがいないのだが、そのように己れを仕向け、ベストをつくし、まともに運命と勝負した人間に対しては、たとえそれが必然であっても不当である——とぼくたちは感じる。

こうした英雄の行為は功利的ではない。優れた叡智《えいち》と決断をもちながら、目的的ではなく、むしろ無償の行為だ。

もし功利的、目的的であったらもっと他にやりようがあったろうに、と思えるような破局に向かって突っ込んでいってしまう。滅びるためにそうしたんじゃないかとさえ思えるほどだ。その壮絶なイメージは、われわれにとって超自然的なよろこびであると同時に苦痛でもある。

悲劇的な英雄のイメージばかり強調することになってしまったが、それはたしかに、ぼくたちの心のなかに浮かぶ男性の象徴だろう。

運命に対決し、自分の意志によって生きる

この世界において、英雄は単数であると同時に複数である。彼を中心に、それをとりまいて世界が大きく波打つ。彼の力によって、彼とともに世界が変わる。世界はけっして彼に無関心ではあり得ない。

しかしその強力な渦の中心にあって、彼は孤独だ。なぜだろう。

彼は彼の意志に従ってのみ運命をひらく。己れの力によって不可能を可能にする。その危険を己れ一身にひき受ける。だから孤独なんだ。

彼は危険な賭け、決意の実現まで闘い抜くだろう。時代が彼に逆行し、世の流れが変わっても、彼は殉じ、変節しない。没落は死を意味するが、状況に応じて態度を変えたり、抜け道を考えて変節することはできない。他の者は去っても、彼は残る。

変節しない者は孤独だ。孤独に輝き、孤独に傷つく。

シーザーにしてもナポレオンにしても、英雄は没落において孤独だが、しかし栄光

においても孤独だった。

「ブルータス、お前もか！」

というあのシーザーの最後の声は、ぎりぎりのところでこのような英雄の運命、男の運命、その孤独を叫びつくしてやまない。

いまさら驚いているのではない。恨んでいるのでもない。それは運命の確認といったらいいのだろうか——まったく孤独を戦慄的に象徴した絶句だ。

日本古代の英雄神スサノオノミコトが八束鬚《やつかひげ》、胸先にいたるまで泣きいさち、その泣くさまは、「青山は枯山のごとく泣き枯らし、河海はことごとに泣き乾《ほ》した」と伝えられている姿も、男性的男性の孤独を凄まじく象徴している。

男性的男性は、もちろん、そのような極限的な相においてばかりあるわけじゃない。まして今日の社会で、シーザーやナポレオン、ヤマトタケルノミコトとおなじような、そんな真似をするなんてバカげたことはあり得ない。

この時代に、与えられた条件のなかで、日常的現実に対決しながら、たくましく男性的男性の本質をつらぬくべきだ。にもかかわらず、なぜぼくがこのように男性的男性のあり方、運命を悲劇的にのみ規定し激しく強調するのか。

憤っているからだよ。周囲を見渡しても、運命に対決し、自分の意志によって生きる男性的男性があまりにも少ないからだ。

安易に自分の場所に居すわり、時をかせぎながら、狡猾《こうかつ》に自分を守る、保身の術だけに汲々《きゅうきゅう》としている処世術の名人ばかりじゃないか。

彼らは気がきいて、ソツがない。先人の手際を巧みに応用し、世間の定石だけを踏んでいく。彼らにとって人生は神秘じゃない。人間的信念とか、爆発するような情熱なんて不必要、それどころかむしろ邪魔だとさえ考えている。こんなテアイが構成する世界は、まったく読みと読みの卑しい絡みあいだけで動いていく。

定石をよけいに知っている利口な奴が、その分だけほかより先を読んで、かならず勝つ。そのつまらなさ、その退屈さが現代を堕落させるんだ。

成功者がいかに空虚で、素朴で、傲慢であるか。

その典型は政界にも、経済界にも、文化人たちのなかにもゴロゴロしている。キミの眼にも、そんなだれかの顔つきがありありと浮かんでいるはずだ。

敗北した者はさらに惨めだ。ひがみ根性の塊となって、もはや人生をまともには見ない。悔い、羨望、嫉妬――。ネガティブな執念が諦めと奇妙に絡みあって、皮膚の下にしみ込んでいる。

そういう卑屈に歪んだ、弱者であると同時にエゴイストでもある男の顔は、見飽きるほどぼくたちの周囲にあふれている。とりわけ中年男にそういう人相が多いのは、肉体的な弾力性を失って、決定的な敗北が身にしみているからだろう。

孤独もヘッタクレもない。ぞろぞろとつながって、強者には追従し、弱い者をいじめるのが技術であり、上に睨まれず、たいした過ちを犯さない、つまり自分自身に責任がまわらないようにしておくことが出世の道だ。

このような冒険と情熱のない、およそ非男性的な人間のありよう、仕組み、気分を、ぼくは一口に〝官僚的〟という。

お役所ばかりじゃないよ。一般社会のすべての面に見られる現象であり、見渡すかぎり、まさしく一億総官僚だ。こんな現実と雰囲気のなかから、いかなる新鮮な文化、芸術も生まれるはずがないし、政治だってそうだ。

男性的男性は窒息する。だが、そんなイメージさえこの世界では展開しないようだ。

時代に対するのっぴきならない歪み

この陰気で、まことにサッパリしない人格形成、現代日本的道徳・習慣は、ながい鎖国と封建制の結果であるということはだれもが知っている。徳川初期のころまでは、日本の男はもっとはるかに男性的だった。俗に「槍一筋の功名」で、武士はもちろん、百姓の子までが一国一城の主、もしかしたら天下取りにもなれる時代。町人でも実力によって堂々と己れを主張できた。

だが強固な中央集権的封建体制が確立し、海外への夢も閉ざされてしまうと、もう自分の信念だけでは動けない。実力なんて意味を失う時代になりさがり、すべてに狭いキマリができて、それに抑えられ、締めつけられる。真っ先に武家階級がかつての男性的・英雄的な性格を失い、官僚化していった。

男のチャンピオンだった武士の小役人的堕落に対して、民衆はやがて反抗しはじめ、彼らにとっての男性的男性の夢を打ち出した。一部の町人や任侠の世界に住む町奴《まちやっこ》、いわゆる男伊達《おとこだて》だ。播随院長兵衛《ばんずいいんちょうべえ》や花川戸《はなかわど》の助六、「天野屋利兵衛は男でござる」の世界。そこでは「男が立つ」か「すたれる」かは、生命《いのち》より大切なことだった。男の一言は、たとえ状況が変わっても、どんなに辛い事情があっても、死をもってつらぬく。

その潔い、男性的・英雄的イメージは、官僚化した権威に対する下層階級の反抗の象徴だ。だがもちろん、そこには暗い時代を反映したのっぴきならない歪みがある。彼らはけっして時代をリードしたり、おし進めたりすることはできない。不毛な、歪んだ体制に対する彼らの反動は、運命的に不毛であり、歪まざるを得ない。

だから、なんといっても彼らはヤクザであるに過ぎず、正常な社会から外れた日陰者、アウトローだ。ほんとうに堂々と社会を動かす男性的男性の、明朗な重みはない。権力と卑俗なモラルに対する反抗としての、その場かぎりの英雄主義だ。どんなに華やかに装っていても、実りのない花は、けっきょくは空虚だ。

今日なお映画や大衆小説などでヤクザものは人気がある。古い封建制度は崩れたが、それに代わってさらに強固な官僚主義がのさばっているからだ。スポイルされた状態に対する民衆の不満、息苦しさが、あいも変わらぬヤクザ憧憬になって現れる。

時代遅れのチョンマゲ男、アナクロニズムのモラルはやりきれないが、こうした官僚主義がつづくかぎり、残念ながら、その裏側にある歪んだ英雄主義もつづいていくだろう。

ぼくの言う男性的男性のありようは、あまりに直情的で単純だったかもしれない。佞奸邪悪《ねいかんじゃあく》、狡猾きわまる知恵と、同時にまったく純粋で無邪気であるという、不思議な両極を矛盾なくひとつの人格に兼ね備え、それによって圧倒するというような人間がもし居るとすれば、それこそ稀有の男性的男性だ。

そんな人間像が二重にズレながらも奇妙にぼくに迫ってくる。

己れをつらぬく精神の高貴さがあってこそ、人間だ

英雄と聞いて、キミが最初に思い浮かべる言葉は「根性」かもしれない。

だがぼくはこの言葉を聞くと不愉快になる。なにか押しつけがましい、エゴイステ

イックな気配があるからだ。こんな言葉が頭をもたげて出てきた、その底に不明朗なムードを感じる。商人根性、島国根性、意地悪根性……どれをとっても狭い、「自分だけ」という語感がぬぐえない。

ちょうどこの言葉が流行りはじめたころ、若い学生たちと「根性」をテーマに話しあったことがある。どういうことが根性か、と訊いてみたんだが、顔を見合わせるだけではっきりしない。具体的にどんなひとに根性があると思うか、と質問すると、今度は即座に答えが返ってきた。

口をそろえて、徳川家康、ヘレン・ケラー、チャーチル、松下幸之助、などと答える。形式的で、判で捺したような返事だ。学校などで教わったのだろうが、つまりは有名なひと、成功者が「根性のひと」だと思っているわけだ。

彼らの言葉にはまったく実感がない。浮いている。

そういう人々がほんとうはどんな生涯をおくり、どんなことに耐え、どんな考えで生きていたのか、そんな人間的肌ざわりを確かめての発言ではないからだ。規格型教育制度のむなしさ、バカバカしさを見せつけられる思いだった。

えらくなった、有名になった、日の丸をあげた、成功することだけが根性だと思っている。立身出世主義。ひどく功利的だ。

「勝ちゃいい」という精神。こんなふうに狭い、泥くさい必勝の信念が根性なら、そんなものはない方がいい。

もちろん偉大な成功者は根性のひとだったかもしれない。しかし一方では、根性をつらぬいたがゆえに敗れたひとだっている。むしろ純粋であればあるほど、この世界では敗れざるを得ないんだ。

それでもなお、信念のためには、たとえ敗れるとわかっていてもあえて行う、己れをつらぬくという精神の高貴さがなくて、なにが人間か、とぼくは言いたい。

敗れ、うずもれてしまった多くのひとたち、見えないところで、平気で、人間の誇りの支えになっているひとたちをこそを讃えたい。

かつてある大学のワンダーフォーゲル部で「死のシゴキ」事件があった。集団暴行のすさまじさは常軌を逸していて、暴力をふるった若者どもの愚劣さにはほんとうにやりきれない思いがする。別の大学の柔道部が暴力事件を起こしたときは、首謀者の監督が逮捕された。彼は学生時代、部内で根性のある男という評判だったと新聞は伝えている。

「根性のはきちがえだ」とみなが言う。だが、けっしてはきちがえているわけじゃない。「根性」の正体こそ、まさしくそれなんだよ。そのトリックに気づいていないのか、ごまかしているのか、世間一般もジャーナリズムも、根本の問題の焦点をずらしてしまっている。

ぼくはむしろその方を憎む。まことに大人たちの考え方、一般の風潮の無責任さ。卑しい功利主義で成功者だけを英雄視し、もちあげるのは彼らだ。日の丸をあげることばかりがえらいと宣伝し、「怪我ぐらい練習すればなおる」という猛特訓に拍手喝采して、勝つことだけがあたかも道徳の基準であるかのように、煽《あお》りたてる。

大人たちが、またジャーナリズムが、もっとも明朗であるべきスポーツを、暗いモラルのなかに叩き込んでおいて、そこに当然の結果として出てきた歪み、暴力事件などを、また得々として叩いている。ずうずうしさの極みだ。

以前、野球の対抗試合に負けたといって自殺した高校生がいたけれど、そこまで追い込まれるほど異常な精神状態だったわけだ。勝てば世間が、大人が、寄ってたかってバカ騒ぎしてくれる。〝郷土の誇り〟だ。だが負ければ母校の名誉を傷つけ、郷土の恥として身が縮まる。「根性がない」ということになる。

高校野球などを見ていると、そういう切羽詰まった雰囲気がのしかかり、プレーの楽しさより息苦しさを感じてしまう。応援団相互の激しい対立は殺気がたちのぼっている。そういう歪んだ必勝の信念を、誇るべき伝統だとかなんとか言って美化する。

このような精神主義によって鍛えあげられた（と思っている）根性の中身、スジはいったいどういうものか。

「死のシゴキ」事件でも、逮捕されたリーダーの態度が象徴的だ。後輩を叩き殺すほどシゴキあげることが〝根性を鍛える〟との信念をもっていたなら、最悪の結果が出たとしても、責任者として毅然としているべきじゃないか。

ところが警察の取り調べに対して、はじめのうちは「鍛錬するために少しなぐっただけだ」と弁明し、厳しく追及されると「自分たちだけではない」と責任を分散させている。負い目のときこそ根性を生かすべきなのに。まともなスジ、モラルなんて、はじめからないんだよ。

人生は小さな勝ち負けじゃない。

他人を負かすことより、自分自身に打ち勝ち、生きがいをつらぬくこと、それは美しさだ。

排他的な心情のなかに、ほんとうの愛はない

おなじように押しつけがましく、エゴイスティックな言葉に「愛国心」がある。この言葉を聞くと、終戦直後の空漠たる時代を思い出す。

たしかに惨めだった。ズタズタに傷つき、敗れ、すべてを失った。みんな自分の国に失望した。占領軍のG・Iたちを怖れ、日本人というそれまでの誇り、自信を喪失した。

しかし、あのときほど国の悲劇と自分の悲しさが一体であり、自分の命がそのまま国のそれにつながると感じたことはない。絶望と不安のなかに、新しい歴史への希望、

夢があった。

あのころから見れば、生活は嘘のように向上した。だが安定ムード、その結果の慢性不況にだらけきった今日は、自分の国に対する考えが、奇妙に、そして安易に浮きあがっている。むなしい。

一部の回顧派は、戦前を美化するあまり、まるで敗戦という暗い穴がなかったような言動をし、戦後の若者たちはあの悲劇の実感をもっていない。

なるほどうわ皮は一見さらりと癒えているようだが、問題はけっして済んではいない。日韓交渉、ベトナム戦争、中国問題等々、暗い影が生活の面に躍り出ている。今日、国民の意識を分断しているそれらは、みなあの傷口に深くかかわっているのだ。

近ごろ、しきりに「国を愛さなければいけない」などと、お偉い方々が命令口調で愛国を突きつける。そんなふうに言われるとき、「国」はひどくそらぞらしい。

かえってあの崩壊状態のなかで、国なんかなくなってしまったんじゃないかと空漠たる思いだった、あの素っ裸の時代の、自分たちの生活、そして日本の運命への緊張感。その情熱は言葉にはならなかったが、はるかに切実だった。

「愛国心」なんて、いちおう景気のいい言葉だけれど、それがどういうものなのか、案外わかっていないんじゃないかという気がする。身びいきだとか、狭い、本能的な排他心が露骨にあらわれて、ひどく〝ひいきの引き倒し〟になる。

自分自身を見失う。敗戦はその運命的な破局だった。

オリンピックのときに目の色を変えて騒いだのもおなじだ。勝ち負けばかり気にする。そんなことが国を愛することなのか？　ひろく聡明に見渡して、逆にそんなケチな根性をのり超えて、豊かにあふれてくるのがほんとうの国への愛ではないのか。

戦争中、ぼくは中国戦線にいた。輜重兵《しちょう》だったが、いちど最前線の激戦苦闘の絵を描くようにとの軍命令で、歩兵の第一線部隊に配属され、行動をともにしたことがある。

村を占拠する。まず食糧を徴発《ちょうはつ》し、洗いざらい召しあげてしまう。一晩野営して、出発する段になると、かならず部落全体を焼き払っていく。

泥でつくった家なので燃えにくい。なのに一生けんめい苦労して藁を積みあげ、ぼんぼん燃やす。作戦上の必要なのか？──すぐあとから友軍が来るのに、と言うと、「バカ野郎、そいつらが使えないように燃やすんだ」とドヤされた。

こんなこともあった。前線では食糧、ことに砂糖などといったら、命から二番目みたいに貴重なものだ。たまたまその貯蔵庫を見つけた。ふんだんに舐め、食べ、もてるだけもったが、たかが知れている。どうしても残ってしまう。

驚くべきことに、それにみんなで小便をかけ、わざわざ汚物をまき散らして、あとから来る友軍が食えないように、メチャメチャにしたんだ。「ざまぁみやがれ」ってね。

ぼくの知るかぎり、中国人に対する憎しみはあまりなかった。あたりまえだ。一方的に侵略していっただけなんだから。それよりも、友軍同士——連隊単位では他の連隊を、その内部ではまた中隊、小隊、分隊同士、折にふれて猛烈な、ほとんど憎悪と言っていいほどの対抗心を燃やしていた。陸軍と海軍の徹底的な非協力、憎しみあいも有名な話だ。

いま考えてもユーモラスな思い出がある。部隊が集結し、二十メートルもあるトタン葺《ぶ》き、屋根だけの倉庫に宿営したときのことだ。ぎっしりつまってゴロ寝だ。

水の不自由なところで、遠くの河まで汲みにいかなければならない。ところが雨が降ると、ちょうど一分隊の寝ているあたりの軒先がこわれていて、雨水が滝のように流れ落ちてきた。こいつを貯めておけば――。

うまいことに空のドラム缶が一個ある。三分隊の所有だった。一分隊はこれを借りにいって軒下に置き、水を貯えて大喜びだった。

三分隊の初年兵がその水を少し分けてもらいに来た。すると例の根性で、

「これは一分隊の水だ」と突っぱねた。

断られ、すごすごと帰ってきたのを見て、三分隊の古参兵が怒った。

「なにを言いやがる。ドラム缶はこっちのものじゃないか。これっぱかりの水がどうして寄こせないんだ！」

ねじ込まれれば、一分隊のほうもあとには引けない。

「ドラム缶は三分隊でも、水はこっちのものだ」

とがんばる。

「そんな理屈があるか。じゃ、ドラム缶を返せ」

「ケチな野郎らだ。ようし、そんなら返してやる」

いきなりドラム缶をひっくり返した。せっかく貯めた水が、乾ききった地面にあっけなく吸い込まれていく。

「勝手にしやがれ。もってけっ」

ぼくはあっけにとられて見ていた。どっちも損しただけじゃないか。しかし両方が清々《せいせい》した顔をしている。まことに日本人だ。

この話を聞いて、バカげていると笑うかもしれない。だがよく身のまわりを見渡してみて欲しい。お役所同士の縄張り、部や課の対抗意識、学校相互の敵愾《てきがい》心など、たがいに惨めにしあっている例、この種のナンセンスがいくらでも思いあたるにちがいない。

「愛国心」と美名をうたっても、ほとんどがそういう狭い意識や郷党意識の延長なんだよ。身内以外は敵視する、などという排他的な心情のなかに、ほんとうの愛があるはずはない。

世界があってはじめて「自分の国」という現実、その意識がある。あくまでも世界のなかの日本なんだ。

つねにこうした危機をはらむ対立のうえに、バランスを見きわめて国の運命に情熱をかけるべきであり、それがほんとうの愛国心だ。

第五章

創造すること、それは人間の本能的な衝動だ

いわゆる「芸術」は、およそ芸術じゃない

芸術は職能じゃないし、余技でもない。人間的に生きることに「専門家」なんていないのとおなじだ。

あえて「登らない」ことを決意する。猿どもにノーを突きつける。

いつでも計算を超えた無目的な闘い。あらゆる対象への無条件の挑み。それをつづけることが人間的ということであり、生きがいだ。

芸術の意味もそこにある、だが、いまは芸術までが政治や経済とおなじようにシステム化され、惰性的に流れている。そこにぼくは憤りを感じているんだ。

これからの社会は三権分立でなければならない。

モンテスキューは立法・行政・司法の三権分立を唱えたけれど、ぼくが言いたいのは政治権力の話じゃない。

政治―経済―芸術

この三つがこれからの社会に必要な三権分立であり、人間存在、人間社会における

三権分立だ。もちろん、現実には政治なしの経済なんて考えようがないし、経済のない政治もまたあり得ない。政治と経済はいかにもケンカしあっているようでいて、じつはいつも陰で取引している。目を覆いたくなる。だからぼくは政治経済にはあまり関心がもてないんだ。

だが芸術は別だ。芸術といっても、絵を描いたり歌を歌ったり、ということだけじゃないよ。ぼくがいちばん嫌いなのは、芸術家然とした連中の、いわゆる「絵」や「歌」だ。あんな不潔なものはない。

舞台の上で手を広げ、まるで陶酔したかのように歌っているけれど、じっさいはちっとも陶酔なんかしていない。客を意識して、商売のことを考えて、人気を取ろうと思ってやっているだけだ。もし観客がひとりもいなかったら、あんな格好をするはずがないんだから。

しかも歌っているのは歌い手だけ。観客はただ聞いているだけで、だれも歌わない。そんなシステムは不潔だよ。そんなのは芸術じゃない。

絵画だってそうだ。絵画は十九世紀のヨーロッパで芸術になったのであって、それまでは芸術なんていう意識はなかった。日本では明治末期から芸術の範疇に入ったけれど、それまでは絵を描く者は「絵師」であり「画工」だった。職人を意味する「工」の上に「大」を書けば大工になり、「石」を書けば石工になる。それとおなじだ。

ところが、ただの絵師であり画工だった者に、とつぜん「芸術家」っていう肩書きが与えられた。このタイトルを与えられた途端、「オレは芸術家なんだ」っていう意識をもつようになり、深刻な目つきでひとを見たり、深刻な格好で世の中を見たりするようになった。だがそんな奴にかぎって、中身は少しも深刻じゃない。いわゆる「芸術」と称されているものは、およそ芸術じゃないんだよ。

ぼくは十八歳でパリに行き、二十代をパリで過ごした。ダダイズムをやっていた連中ともずいぶんつきあった。ダダイズムとは、第一次世界大戦のころにスイスあたりを中心に起こった芸術運動で、それまでの価値観をひっくり返そうとしたんだが、その中心にいた詩人トリスタン・ツァラや美術家ハンス・アルプなんかとね。

芸術家の街といわれるモンパルナスへ行っても、ダダイストのアルプなんてのは、紺の服に黒っぽいネクタイを締めてじつに平凡、どこの勤め人かわからないような恰好をしていた。どう見たってお役人か会社員だった。

それに比べて、ボヘミアンネクタイを締め、つばの広い帽子をかぶってパイプを燻《くゆ》らせているような、いかにも芸術家ぶっている奴らもいた。でも、そういう連中の作品を見ると、三匹の子猫やバラの花みたいな、じつに幼稚なものを描いている。

ひたすら人間的に生きる。それがほんとうの芸術だ

つまり「芸術家」っていう意識をもった瞬間に、芸術じゃなくなるってことだ。

近ごろでは、作品のない空き部屋に客を招いて「これがオレの展覧会だ」なんて言ってみたり、なにも描いていない真っ白なキャンバスを並べて「これがオレの作品だ」と得意になっている輩がいる。それを見て「はあー」なんて感心しているバカもいる。

真っ白なキャンバスを「作品だ」といって提出するなんてのは、じつはダダイズムの時代にやっていたこと。それをネオダダとかなんとかいって繰り返している。

バカな芸術家が多いんだよ。そういうポジションを取りたがるのは、ヘンな芸術家

意識をもっているからだ。

芸術家だ、絵描きだ、音楽家だ、なんて主張するような奴は、みんな商品をプロダクトしているだけだ。商品をつくった段階で、だれかに買ってもらおう、換金しようと努力する。いわゆる商人、経済人などより、もっと卑しい存在に落ち込んでいるのが、芸術家と称する怪しげな連中だ。そんな奴らのスタイルや恰好に引っ掛かっちゃダメだ。

そもそも芸術と言ったって、絵を描く必要もなければ、唄を歌う必要もない。ただひたすら人間的に生きる。それがほんとうの芸術だよ。

だから「政治、経済、芸術」の三権分立が必要なんだ。ほんとうは「政治、経済、人間」と言いたいところだけど、そう言うと誤解が生じるから「芸術」と言っている。

人間即芸術。芸術即人間。

もっとも強烈に生きる人間が芸術だ。このモメントがいま見失われている。

絵も描かないし、唄も歌わないけれど、オレは芸術家だ。

そう考えて、つらぬけばいい。

「芸道」と「芸術」は正反対といっていい

芸術とか芸術家という観念は、明治・大正期に西欧から入ってきて形づくられた概念で、もともと日本にはなかったものだ。

もちろん、芸術という言葉や概念がつくられる以前には芸術的な営みがまったくなかった、というわけじゃない。その時分には「芸術」という意識で行われていなかっただけ。では、それ以前にあった芸術らしい意識とはどのようなものだったのか？

それが「芸能」や「芸道」だ。

字で書けば、たった一字ちがい。〝術〟だって〝道〟だって大して変わりはない、似たようなものじゃないか、と思うかもしれないが、質的にはむしろ正反対といってもいいほど、両者は断絶している。

だが日本では、いまだに「芸道」と「芸術」の区別がついていない。

一般大衆が芸術家と考えているのは大半が芸人に過ぎないし、一方で芸人が芸術家気どりでいる。インテリのあいだでも芸術と芸道意識を混同して使っている。そこに芸術の不毛、惨憺《さんたん》たる原因がある。

日本にかぎった話ではない。芸術の本場と思われているフランス、パリだっておなじだ。絵画が芸術になったのは――フランスあたりがいちばんはっきりしているが、せいぜい百数十年くらい前のこと。信じられないかもしれないけれど、まだそれくらいしか経っていないんだよ。

十八世紀ごろまでは、絵描きは芸術家ではなかった。先ほど「絵師」や「画工」の話をしたけれど、家具屋や大工や石工や織工とおなじような〝職人〟だった。まあもっとも、伝統的に、そういうもののなかでは絵がいちばん高級ということになっていたようだけどね。

そのころの絵描きは、貴族の注文に応じて絵を描いていた。いちばんうまい、貴族が気に入るような絵を描ける職人が、いちばん偉い貴族、たとえばフランス国王や皇帝にお出入りを許されるわけだ。そうして王の栄光を子々孫々に伝えるポートレートや宮殿を飾る絵を描く。

ヘンに芸術家意識をもって、芸術とはこうでなければならないなんて、宮殿の壁に勝手な絵を描いたり、王様や王妃の顔をデフォルメして、鼻をひんまげて描いたりしたら、たちまちお払い箱だ。むろん日本もおなじだった。

ところが、フランス革命の結果、貴族階級は打倒され、ブルジョワジー（中産階級）が社会のヘゲモニーを握ることになった。いままで絵描きを抱えていた御主人が急にいなくなってしまったわけだ。

新しい権力を得たブルジョワジーたちは、やがて生活が安定してくると、客間に絵画を飾るようになった。絵描きの新しい顧客になったわけだ。

大きくちがったのは、その数が貴族とは比較にならないくらい多かったこと。もうひとつは、以前のようにお出入りとかお抱えという直接の関係がなくなり、代わって市場《マーケット》ができたこと。

絵描きは一生懸命に絵を描く。でも、それをだれが買ってくれるかはわからない。どんなところに飾られるのか、イメージをもつこともできない。

〝なんでもいいから、自分の好きなものを、好き勝手に描いてみろ。気に入れば買ってやる〟。そういう構図だ。

だれかの気に入られたかどうかは、売れてみなければわからない。そんな資本主義的な、非情な関係に変わってしまったんだな。

それまでは「××侯爵はこういう色あいがお好きだ」とか、「○○伯爵夫人のお気に入りになるにはこういうふうにすればいい」とか、注文主の好みがはっきりとわかっていた。ところがそれがすっかり御破算になってしまったわけだ。

こうして絵画は芸術になった

だれのために描くのか、すなわちなにを描いたらいいのかがわからなくなって、絵描きたちはとても悩んだ。

そして最後に出てきたのが、絵画——芸術とはなんぞや、という問題だった。この問題を自分の責任においてとことんまで突っ込み、社会や人類に対してこれだという ひとつの答えを出さなければ絵が描けない。こうして絵画は芸術になった。

職人はこういう問題について考え込んだりはしない。建具屋を呼んできて、「ここにこういう障子を嵌《は》めたいんだ」といえば、「へえ」と寸法を計って、約束の日限には注文したとおりの障子をかつぎ込んでくる。敷居に嵌めるとすーっと動く。じつにうまいものだ。文句はない。注文主の思ったとおり、ピタリと嵌まってくれるからね。もしこれがえらく芸術家肌の建具屋で、頼まれた途端に「いったい障子とはなんぞや。オレはなんのために障子をつくるのか」なんて深刻に考え込んでしまうようでは困るだろ？

絵描きもおなじで、職人だったころには、芸術とはなんぞやなんて問題はなかった。注文された仕事を、できるだけ注文主の気に入るように手際よく仕上げればよかったわけだ。

いまでもこれとおなじような態度で仕事をしている絵描きはたくさんいるよ。画壇でもてはやされているのはだいたいこういう作家だ。かつての貴族時代とちがって、今度の主人は画商だけどね。

資本主義的なメカニズムのなかでは、生産者と不特定多数の消費者を結びつけるのはマーケットだ。とうぜん仲買人が大きな力をもつ。

まずは彼らに好かれ、気に入られて、マーケットに送り出してもらわなければ世に出られない。どういうものにすればそうなるかははっきりわかるし、画商は注文さえ出してくれる。あとはそれになずんで、あわせて描けばいい。まさに職人芸だ。

日本では、パリやニューヨークというと、なんでもかんでもたいへんなもののように思ってしまう傾向があるけれど、こういう点はひどいものだよ。前衛的な絵だって、ちゃんと画商がついて商品化されている以上、作家の制作も自分の勝手気ままにはいかない。

画商が作家を売り出すのは、いうまでもなく投資だ。かなりの宣伝費もかけるだろう。そうして苦労の末にやっとお客さんがついてきた、すなわち商品として通用するようになったときに、その作家がまったく別のスタイルで描き出したらどうなる?

画商としてはそれまでの投資も努力も水の泡だ。だから、たとえ芸術上の主張としては正しくても、そんなことをされては困る。彼らは自分の売り込んだ作家が画風を変えることを喜ばないし、許さない。職人として注文どおりの仕事に応じることを要求する。とうぜんだ。

そういう制約にもかかわらず、あえて変貌し、しかもそれを押しとおしてしまったのは、ピカソくらいのものだろう。そこにも彼の偉大さが立証されている。

一定の画商や批評家だけを直接の対象、御主人として、そのために描かれる絵が芸術として限定されたものになってしまうのはこの事情によるものだ。今日の欧米画壇の、現実遊離の抽象ばやりはこういう土台に原因がある。

こういうのっぴきならない画壇性にくらべて、日本みたいに絵が売れず、注文主や買い手のことなんかぜんぜん考えないで、ただ社会に対する発言、宣言、闘いとして突きつける現代芸術、微塵《みじん》も職人芸である必要のないモダンアートこそ、今日新しい芸術の可能性を切りひらいていくチャンピオンだとぼくは考えている。

ところが奇妙なことに、いまの日本の画壇を見ると、頼まれもしないのに一生懸命に職人芸を擬態したような絵ばかりだ。

じっさいに注文主がいれば、その枠のなかで自分を生かしたり、逆手をつかったり、かえって大胆なこともできるけれど、頭で想像するだけの架空の注文主に合わせようとするものだから、こうやったら嫌われるんじゃないか、あんまりどぎつくてはダメだろう、おとなしすぎて目立たなくちゃ困る、流行に遅れちゃたいへんだ——なんて、あらゆることに気をかねて、最大限に臆病になってしまう。バカげた話だよ。

その結果、ちょっと洒落た、気どったような、十点満点なら七点か八点の無難な絵ばかりになる。とことんまで突きぬけて野放図な、箸にも棒にもかからないという真に芸術的な作品はほとんど見たことがない。みんなご丁寧に自分の方から箸にも棒にもかかっちゃうんだな。なんというつまらなさ！

職人根性、芸人根性が抜けきっていないからだよ。絵画だけの話じゃない。文学でも、演劇でも、音楽でも、あらゆるところにそれが見られる。

味わわれたり、好かれたりしたら、疑ってかかる

ツボとかサワリという言葉を聞いたことがあるだろうか。

観賞者がこうきてほしいと思うところで、ちゃんとその手を打つことだ。ドラマが

高潮し、いよいよツボのところにくる。お客さんは次にくるものを待ちかまえている。そのとき、期待どおりにピタリとくると、うっとりとするんだな。

演じる側と観る側、双方の暗黙の約束で、あてはまるべきところにあてはまる、それがツボ、サワリだ。

どういうことをやればうけるか、もてるか――定石は決まっている。そういうものになずんで、うまく合わせていくのが職人芸であり、それがことに巧《たく》みな者が「名人」と呼ばれる。

お客さんのほうは、こういけばこうくるという、キマリキマリにはまって狂わない、注文どおりにいくのが楽しい。間がズレたり、型が崩れたり、ガタピシしたのではちっとも面白くないから、そういうのは下手だと感じる。

よく「味がある」なんて言うけれど、〝味わう〟というのは以前に経験があって、それが何度も何度もくり返された上で成り立つこと。ぜんぜん味わった経験のない者には味にならないし、味わうなんてこともできないからね。

だから、もし自分の作品がひとに味わわれたり、好かれたり、愛されたりするようだったら、はて、オレは知らず知らずのうちに職人根性を身につけた芸人になって、ツボやサワリの手をやっているんじゃないか、と疑ってかかったほうがいい。

この職人根性は、芸術の歴史にとって長い伝統なので、作家の側にも観賞する方にも、深く染みついている。

たとえば歌謡曲や私小説なんて、ツボ、味、サワリだけでできている。どちらもぼくは大嫌いだ。歌謡曲なんてまったくひどいものだよ。これほど非音楽的な音楽は世界の歴史にも類がないんじゃないかと思うくらいにね。日本の民謡にはすばらしいものがあるから、けっして音痴な民族だってわけじゃないと思うんだが、歌謡曲を聞くと絶望する。

あれは封建的なお座敷芸の三味線音楽、四畳半みたいな情緒と、西洋音楽がヘンな形で結びついてできあがったものだろう。三味線的な節廻しに、いかにも西洋音楽的おはやしの手が、スッチャカ、スッチャカと入る。浪花節的にのどをつぶしたり、頭のてっぺんで声を出し、咽《のど》を震わせたりして、やたらに港や霧や鐘が鳴ったり、涙が出たり、待ってるぜとか、ひとり淋しくとか、そんなことばかり――。

どうしてああいうものが流行るのか、まったくわからなかった。でも考えてみれば、貧しくて苦しい生活をのり越える可能性、現実に対するポジティブな抵抗をもち得ないで、ただ消極的に、むしろ自分を引き下げ、諦めることによってしか救われない、そういう不健康な、消極的な社会に対する態度や気分の上にああいうものが出てきたにちがいない。

歌謡曲は昭和の初期に生まれて、次第に盛んになったものだが、満州事変、支那事変、そして世界大戦と次第に情勢が切迫し、軍国主義が勢いを増し、民衆の自由が押しつぶされていった、その暗い歴史と並走している。そういうことを考えあわせれば、あのような性格に至った理由がよくわかる。

非情な対決を突きつける。それが芸術の役割だ

絵画、小説、映画――。世に芸術と思われているけれど、じつは歌謡曲となんら変わらない。おなじだよ。ほんとうにやりきれない気分だ。

とにかく、好かれたい、味わってほしい、わかってもらいたいと、シナをつくってウインクしているような芸術ばかり。赤線はなくなったけれど、精神的プロスティテューションはいまも大繁昌だ。

観賞者と作品が寄りかかりあって、たがいに堕落させあって成立している。それが日本における芸術だ。

そういう一般の気分に対して、ぼくは徹底的に味を否定する。描いていて味が出そうになると切り捨て、ぶっこわし、徹底的に味もそっけもない絵をつくる。

好かれたくない。褒められたくない。味わってなんかもらいたくない。

それを前提に仕事している。しょっちゅう観賞者をケトバしている。見る方もこちらも、ともにケトバして結構だ、というつもり。他に対して非情な対決を突きつける。それが芸術だと思うし、芸術家の役割だと思う。

この問題を突っ込んでいくために、芸術の根源にさかのぼって考えてみよう。

芸術のもっとも古い、プリミティブな形はなにかといえば、旧・中石器時代ころの、小さい土偶とか、洞穴のなかに描いてある岩絵、壁画などだろう。それらが今日見出されている芸術のなかでもっとも古い。

なぜ原始の人間がそんなものをつくったのかはよくわからないけれど、呪術的な要素が強いのではないかとされている。岩壁に動物の絵が描いてあるのは動物を捉えるための呪《まじな》いであり、お腹の大きい女の像もなんらかの呪術的な意味があると考えられている。

原始的な舞踊とか劇にしても、歌でも彫刻でも、すべてが呪術的だ。

それらは味わわれたり愛されたり、褒められたりするためのものではなく、生活の必要品としてつくられた。神秘的役割をもって生産に直結していたわけだ。

そういう未分化の状態における芸術、その神秘性は人間の本能に直接かかわってくる、と同時に、非常に社会的な意味をもっている。

もうちょっと進んだ段階になると、シャーマンが社会の要になっていろいろな行事をつかさどるシャーマニズムになる。

シャーマンは死の世界と交通する力をもっている。ふだんは忌み嫌われる怪しげな存在だが、祭りや病気をなおす儀式のときには、とたんに神格化して強力な力を社会に及ぼすわけだ。

いろんなシャーマンがいるけれど、たとえば北方のシャーマンは太鼓を叩き、その音や呪文で民衆は集団的に催眠術をかけられたようになり、一種の入神状態になる。このように、全体の動きをぐっとつかまえて、集団的恍惚状態をひきおこす要になる、それがシャーマンだ。

今日、このような役割を与えられているのが芸術家ではないか。

今日の呪術師として、生命の充実感を与える

ノーマルな社会がある。その日常性、社会的基準や常識に対して、まるっきり正反対な、渾沌《こんとん》的なもの、根源的な、生命《いのち》の奥にある神秘みたいなものを突きつけて、ノーマルでない非常事態をつくりあげる。そして日常生活の惰性に埋没し、失われた人間の根本的感動を呼び覚まし、生命の充実感、生きがいを集団自体に与える。

それが芸術家の役割だと思う。この意味で、芸術家は今日の呪術師、シャーマンだ。

合理主義、科学主義の時代になって、人工衛星が飛び、ますます足もとが空虚になっていく時代にこそ、かえって呪術師たる芸術家の役割は深くて重大なものになってくる。それはすなわち、現存する社会に対して、激しく〝ノー!〟というカードを投げつけることだ。

イエスイエスと言っていれば、みなも安心するし、受け入れられ、褒められ、好かれるだろうが、ノーというカードを投げた途端に、それは魔術的な意味をもつ。ツボとか味とか、約束済みの馴れ合いだけで安心している保守的な世界に対してはもとより、革新的な社会でも、それがどんなに正しい方向に向かっていようと、それに対するネガティブな、否定的な発言がなされなければならない。

たとえどんなに理想的な社会になろうとも、生があるかぎり、矛盾はかならずあるにちがいないんだ。生産が進み、いろいろな矛盾が解決していくことは結構だが、その結果、すべてが桃色になって、嫌なものがすべてなくなるなんて考えたら大まちがいだ。

革新的な陣営でも、芸術とか文化に対する考え方はひどく遅れていて、だいたいが貴族時代や資本主義時代とおなじような職人芸的なものを要求する。

じっさい「芸術と政治」がいつも問題になっている。芸術は政治に協力しなければいけないという。しかも、政治屋の選挙の看板みたいなものしか協力だと考えない。ゆえに社会や政治に対して、それに沿うようなもの、イエスイエスと黙って御注文に応じるようなものだけが歓迎される。

だがそれでは、芸術は本来の力を発揮することができない。だから、あくまでもノーという切札を突きつける。しかもデカダンに陥ることなく、それによって社会自体が引き締められ、生きがいを感じて高揚し、促進されていくように、だ。そのためにもっとも有効なポイントを打っていくことが芸術家の任務だと思う。

反動派でも進歩派でも、現実社会においては芸術を自分の都合のいいようにしか解釈しない。だからこそ、芸術家はそのなかで断固としてノーといわなければならない。

絶望的に非妥協的に。

忌み嫌われながら、かつての呪術師のような役割を果たしていく。それが根源的な感動を呼び覚まし、人間的な生きがいを回復する。芸術の意味はそこにある。

つくることは人間本来の欲望であり、生活そのものだ

キミは芸術をつくったり味わったりすることを特別なことだと考えていないか？ 展覧会を見に行くとか音楽会に行く、つまり「芸術鑑賞」ならまだわかるが、「自分自身でつくる」なんて大それたことは無理だとはじめから投げ出しているとしたら、それは大きなまちがいだ。

つくること、それは人間本来の欲望であり、生活そのものだ。

人々はなんらかの形で社会生産のために毎日働いている。だがそこに、ほんとうにつくっているという充実したよろこびがあるだろうか。正直なところ、しかたなく働かされているという気分なのではないか。

自分の生活と働くこととの関係、つくるという初原的なよろこびと現実の労働とのくいちがいからくる一種の絶望感。それが今日の不幸だ。義務づけられた生活の合間をぬって、創造する欲望を噴出させたいという気持ちはとうぜんあるはずだが、抑えら

れっぱなしになって、その気力を失っている者がほとんどではないか。

一方で、社会の生産性が高まって生活に余裕が出てくると、労働時間は相対的に短縮され、余暇が次第に拡大されていく。フトコロ具合も楽になる。ところがそうなると、多くのひとは与えられた時間の余裕をどう処理したらいいか、わからなくなる。自由な自分の時間をもてあまし、不安定な気分になる。

映画、テレビ、プロ野球、パチンコ、温泉…。いろんなレクリエーションが溢れているし、遊びの手段や施設は増える一方だ。だがそういうものが増えれば増えるほど、ますます遊ぶひとたちの気分は空しくなってくるという奇妙な現実。

週刊誌も読んでしまったし、テレビも見飽きた。だれか遊びに来ないかなあ…。家にいてもしょうがないから映画でも見ようか。飲みにでも出かけようか。退屈だからマージャンでもやろうか――。

いろいろと時間つぶしに苦労して、ほんとうにくつろぎ、愉しみ、充実していなければならないはずの時間が、かえって重荷になるという皮肉な結果だ。

社会生活のなかで自発性を失い、抑えられている創造欲がなんとかして噴出しようとする。だれもがそういう気持ちをもっているはずなのに、手段が見つからない。自分の自由な余暇でさえ、充実しない。こうしてだんだんニヒリスティックな気分になっていく。

生きるためにみんな仕事をしているわけだが、充実していなければほんとうの仕事とはいえない。レクリエーションについてもおなじだ。遊ぶにしても愉しむにしても、全身的な充実感、生きがいの手応えがなければ、エネルギーの蓄積はできない。けっきょく人間は、自分の生命《いのち》から溢れ出る本然のよろこびがなければ満足できないんだよ。

どんなに遊んでいても、またどんなに愉しんでいるように見えても、どこか空虚なのはそのためだ。自分では意識していないが、心の底ではとうぜんそれを欲求している。ほんとうの愉しみとは、そのように自然に溢れ出てくるものなんだ。

受身でなく、積極的な気構えで鑑賞する

では、どのようにして愉しさやよろこびを溢れさせるか。

たとえば読書にしても、ただ本を読むだけでは読書とはいえない。それでは本の上に目を走らせているだけだ。ほんとうの読書とは、内容を批判し、自分の考えや対処のしかたをあきらかにするものでなければならない。

書物にふれることによって、人間的な変貌、あるいは世界観の確立という、自分にとっての新しい世界をつくりあげること。それを前提にしなければ意味がないし、読書したことにもならない。

絵画を観る場合でも、ただ「きれいね」とか「愉しいわね」という単なる受身の観賞では、やはり生活の全体は満たされない。自分もあんなふうに描きたいと思ったとしても、「描けたらいいわね」で止ってしまえば、充実した鑑賞にはならない。ほんとうは描きたいのに描かずに済ませてしまったら、あとになんとなく味気ない気分がのこる。

そういうことが積もり積もると、だんだん生活自体が消極的で空虚なものになっていく。しかもたいていの場合、その空虚さに自分自身で気づかない。

もし少しでも「あたしもあんなふうに描けたらいいわね」と思ったら、描いてみるべきだ。絵というものは、たとえ鑑賞するときでも、たんに味わうだけでなく自分が描いているという積極的な気構えでぶつかると、それによって創造的な、もっと生活的な幅と意味をもってくるものなんだ。

絵を観ていて、「よくわからないけど、好き」というひとがいる。

わからないけれど好きという言い方は、とりわけ絵画や音楽でよく聞く台詞だが、こんな無意味なことはない。

「いい」「好き」と言ったとき、その作品はまさにそう感じた〝そのひとのため〟に存在しているのであって、作品の意味は「いい」と思ったその分量だけ、たしかにそこにある。それ以外の「わからない」分を心配する必要なんかないんだよ。

専門的に眺めたり、聴いたりしないかぎり正しい判断はできない、芸術は特別な専門家によってのみつくられ、価値が決められるものであって、自分のような素人《しろうと》の出る幕じゃない。素人はせいぜい外側からこれを眺めて愉しむだけだ――。ほとんどの者がこの種の先入観をもっているようだが、まちがっている。

かつての社会、とくに封建時代においては、芸術はそれぞれの職能的専門家、職人によってつくられた。なかでも腕のたしかな優れた者が名人と呼ばれ、名人たちが名作をのこした。

そして、みごとな芸術品は特権階級である貴族や権力者だけが身近に鑑賞し、消費した。むろん一般民衆はそういう「結構なもの」にふれることはできない。貴族たちが贅沢をして愉しむ、そういう消費生活ができるように、朝から晩まで真っ黒になって働いて貢いだ。

民衆には、名作を鑑賞したり、優れた音楽を聴いたり、観劇するなどという金も暇も権利もなかった。江戸時代になって市民階級が興隆し、富裕になるにつれて、次第に彼らなりの贅沢ができるようにはなったものの、それでも一般庶民には無縁だった。

ところが日本の近代化・民主化とともに、観たり愉しんだりすることがだれにでも許されるよろこびになった。美術を観たければ展覧会や美術館に行けばいいし、音楽会に行ったり演劇を観たりするのは、いまや贅沢じゃない。むしろ慎ましやかなレクリエーションと言ったほうがいいくらいだ。

観る、味わうほうはいま、たしかにあかるく開放されている。

とはいえ、自分自身で味わっているというよりも、専門家の解説や批評に寄りかかったり不安になったりしているだけだし、作品にふれるのも、感動するためというより、教養を身につけるという、いわば近代主義的コンプレックスや見栄のような功利的なポイントからだ。

だから「やっぱり自分にはほんとうのことはわからない」というナンセンスな絶望感や、その裏がえしとしての〝虚栄のポーズ〟に陥ったりするんだよ。

展覧会や音楽会など芸術鑑賞の場で、奇妙にあらたまった重苦しい空気を感じとることがあると思うが、それは芸術をつくる・味わうという契機がいまだに封建的なアカデミズム、権威主義の暗さから抜け切っていないからだ。

なるほど日本は戦争に負けて、あかるい近代民主国家に生まれ変わった。だが社会制度が一新されたと言うけれど、道徳律や生活感情、その因習的な気配、古キズはまだ生々しく口を開いている。

内にあるものを表現したいという衝動

そういう古い考え方がのこっているために、絵を観ても、わからないけれどいいとか悪いとか、好きとか嫌いだとか、そんな話になるんだよ。

それどころか、そんな単純な判断さえもできない者がじつに多い。本来、生活的で素直であるべきものを、職人的、特殊なカテゴリーに置き換えて、自分とは無縁だと考えてしまうからだ。

鑑賞することとつくることを、職能的な観点から分離してしまうのは芸術の堕落だ。現代の芸術には、専門家、門外漢、素人なんて区別はない。生きることに「専門家」がないのとおなじようにね。

「創造すること」は人間の本能的な衝動だ。

小さいこどもは紙や壁にやたらに描きまくるだろう？　駆けまわって遊ぶ肉体的な

よろこびを抑えてまで、じっと絵を描いている。それを見ると、絵を描きたいという欲望がいかに強いかがわかる。ところが、そのよろこびを小学校の高学年あたりから失いはじめてしまう。

それでも絵を描きたいと思うひとは少なくない。学校の図工の時間以外には描いたことがないから、どんなふうにはじめたらいいのかわからないけれど、描いてみたい――。そういう者が集まってサークルをつくったり、絵画教室に通ったりしている。

このときかならずやらされるのが石膏デッサンであり、モデルの写生、静物、風景、つまりは写実のための技法だ。見えているものをそのままに写しとりたいわけじゃないのに……。それなら写真のほうがよほど手っとり早いし、ずっと迫真性がある。

〝描きたい〟というのはつまり、なにか外のものではなく、内にあるものを溢れ出させたい、表現したいという衝動のはずだ。

そのなにかが何であるか、どうすればそれを引き出せるのか、それこそが問題なんだ。それは絶望的なほどむずかしく、しかし芸術にとっていちばん大切なポイントだ。じつは専門家でも、いや専門家であるほど見失いやすく、けっして技術だけでは解決できない本質の問題なんだ。

ところが「絵を描く」という話になると、石膏デッサンだ、花の写生だと脇目もふらない。そこにはしちめんどくさい描法の約束ごとがあって、なかなかうまくいかない。ギクシャクしているうちに描きたいというみずみずしい衝動が消え、イライラするだけ。けっきょく、おもしろくないとやめてしまう。

絵の技術についての考え方が根本的にまちがっているんだ。それを一言で言い表したのが、「芸術はうまくあってはいけない。きれいであってはならない。ここちよくあってはならない」という三原則だ。

芸術が「職人的うまさをもっていなければ芸術ではない」という考えに支配されているからこそ、描いたものが不手際ならけっしていい気持ちがしないし、そのためにつくる意欲さえ失ってしまう。

こどもの絵はけっしてうまくはないし、きれいでもないけれど、なにか微笑ましく、こちらの気持ちを打つ。こどもたちが、うまく描いてやろうとか、心地いいものをつくろうなんてオテイサイを考えていないからだ。素っ裸な心、魂がそのまま出ているから楽しい。

こどもにかぎったことじゃない。こだわらない気持ちで描けば、かならず溢れるような豊かで直截《ちょくせつ》な生命感が打ち出されるはずだ。とうぜんそれは観る者を同質的に楽しませてくれる。

うまくなくても、きれいでなくても、そういうものが生活のなかに入ってくれば、それは豊かなふくらみとなり、生きがいを感じさせずにはおかないものなんだよ。

創造することは、生きがいをもたらす原動力だ

なにかを観るとき、キミはそれをありのままに観ていると思っているかもしれないけれど、じつはキミが観たいと望んでいるものを心のなかに見つめている。目に映っているのは、心のなかに自分がつくりあげた画面だ。

ここにひとつの作品があるとしよう。それをつくった者がひとりいる。それはたしかだ。だが一方では、その作者が勝手につくったひとつの作品から、観る者の数だけ、

十点、百点、あるいは一万点の作品が、それぞれの心のなかに描かれている。観ているひとが、心のなかで、精神の力でそれぞれに変えている。

つまり、単数でありながら、無限の復数なんだ。そこに芸術の生命がある。どんな作品でも、観たひとがすばらしいと感じたらそれはすばらしいし、つまらないと思ったらそれはつまらない。じっさいゴッホは、絵がまったく売れずに絶望のなかで自殺した。現在の評価はキミも知っているとおりだ。

忘れちゃいけないのは作品自体はなんら変わっていないということ。作品存在の意味が受け取る側によって根底からくつがえされたわけだ。こうなると傑作だとか駄作だとかいっても、それはもはや作家自身ではなく味わう側の問題だということになる。

すなわち鑑賞する、味わうというのは、じつは価値を創造することなんだよ。

もとになるものはだれかがつくったとしても、味わうことによってたしかに創造に参加している。自分で筆を握って絵具を塗ったり、楽器をいじったり、原稿用紙に字を書きなぐったりしなくても、創造の場はじゅうぶんにあるってことだ。

創造とは、かならずしもなにかものをつくりあげるってことだけじゃない。

ぼくが言いたいのは、趣味的な芸術愛好家になるんじゃなくて、もっと積極的に、自信をもって〝つくる〟という感動をたしかめて欲しいということなんだ。

もちろん、絵だとか音楽だとかいうカテゴリーにはめ込み、自分は詩だ、音楽だ、踊りだ、などと枠に入れて考える必要はない。それは職能的な芸術の狭さに捉われた古い考え方であって、そんなものにこだわって自分を限定し、かえってむずかしくしてしまうなんてバカバカしい。

大切なのは絶対的な創造の意志であり、そこにある感動だ。

自分の生活のなかで生きがいをどのように溢れさせるか。自分の充実した生命、エネルギーをどうやって表現していくか――。

実際の形、色、音にならなくても、心のなかですでに創作が行われていると考えればいい。つくるよろこびに生命がいきいきと輝いてくれれば、それでじゅうぶんだ。

芸術が作品になって商品価値をもたなければならないなんて考えはバカげている。そんなものでスジを混同してはダメだ。つくられた作品にふれて、自分自身の精神に無限のひろがりと豊かな彩りをもたせることだって、立派な創造なんだから。

いやな言葉だが、それは人間形成、精神の確立だ。自分自身をつくっているんだよ。優れた作品に身も魂もぶっつけてほんとうに感動したなら、その瞬間からキミの見る世界は色、形を変える。生活が生きがいになり、いままで見ることのなかった、いままで知ることもなかった姿を発見する。

そう、キミはそのときすでに創造している。だれももっていない独特な審美観と世界観をキミ自身のなかに確立している。

もしそれがつくること、キミ自身の力によって創造することじゃないなら、いったい何なんだ？ もちろん、音楽を聴くときでも、演劇を観るときでも、おなじだ。

とかくつくる能力がないと自分自身を限定してかかるだろ？「どうせあたしなんかなにもできやしない。おかずをつくって亭主の帰りを待つだけ」と生活を閉じこめ、自分をつまらなくしちゃっている女性。こんなのは自分の生命に無用のシワを増やしているようなものだ。

オレなんかただのサラリーマンだと、五時まで机の前で暇つぶしをして、あとは飲み屋で一杯ひっかけてウサばらし。マージャンをやり、テレビを見て寝る。生活自体があじけなく、ハリがない。虚無的にエネルギーを浪費し、その結果のむなしさを解消できず、ますますニヒリスティックになる。

そんなことじゃダメなんだ。

もう一度いう。つくること、味わうこと——つまり創造するということは、人間の根源的な情熱だ。と同時に、瞬間瞬間にハリを失っていく現代生活に、あかるい生きがいをもたらす原動力なんだ。

第六章

ぼくは抵抗する。その決意はますます固い

青年期、ぼくは闘った。だが、どうしようもなく非力だった

一匹の蟻が倒れるとき、宇宙もまた崩れる。小さく孤独な存在が宇宙を葬り去る。そう実感せざるを得ないほどの孤独——。ぼくはそれをパリでつかんだ。たしかにこの純粋な孤独感は、芸術家のエゴサントリック（自己主義）な心情には絶対の要素だろう。おとぎ話のように無邪気で、こどもの願いのように切実な、孤独の世界観。それなしに芸術は一歩もふみ出さないからね。

しかしまた、このあきらかな矛盾をのり越えて進まないかぎり、正しくたくましい芸術はあり得ない。ぼくの青春はその逆説にひき裂かれていた。

ぼくは芸術的な雰囲気に育ち、それのみを目的、生きがいとして人生を出発した。芸術家として、それはかえって不幸な第一歩だったのかもしれない。

ひたすら芸術に賭け、美や芸術だけを追求するのは絶望的だ。芸術のための芸術が、奇妙に、ディレッタント的、職人的な逃避になってしまう。そうでなければ、暗い虚無的な雰囲気にのめり込んでいくしかない。それはいたしかたない宿命だ。

なるほどぼくは恵まれていた。芸術家の家庭に育ち、ものごころのつかない時分から、すぐれた作品、時代の先端的課題をふんだんに注ぎ込まれたわけだからね。トルストイ、モーパッサンを読み聞かされ、ゴッホの灼熱《しゃくねつ》的な激情を焼きつけられた。

それが若い心にどれほど驚異的な印象を与えたか。幼い心の小宇宙に遊弋《ゆうよく》する豪快な天体の数々だった。それらの光は、あるいはあまりにも生々しく、烈《はげ》し過ぎたかもしれない。

十五、六になり、まともに自分の生き方について考えるようになったころには、かえって芸術に徹底的な懐疑を抱いていた。

現実は退屈であり、醜悪だ。

世界は少しも美しくない。

それなのに、芸術はそれを美しく塗りかえてしまう。もしほんとうに美や感動があるとするなら、どうして人間の卑小な技術でそれを歪め、小賢しく、作品らしくまとめ上げてしまうのか！

ぼくは幼いころから絵がうまかったので、父母をはじめ周囲は画家になると決めていたようだし、ぼく自身も描くことには情熱を感じていた。でも、現実と芸術のこのようなズレや欺瞞《ぎまん》にぶつかって、いったい何のために描くのか——と重苦しく自分に問うようになってしまったんだ。

さらに技術的にこの問題を歪めたのは、絵画修業のありようだった。まず自然のコピー、模倣からはじまり、それは欠くことのできない前提だと強いられる。まったく無意味だ。

そんなのは芸術の狭い意味の手段、それもごくわずかな部分に過ぎない。むしろ真実をうつすためのもっとも迂遠《うえん》な方法だ。それなのに、あたかもそれこそが芸術自体であり、目的であるかのように混同されている。

この愚劣なアカデミズムは芸術を抹殺するばかりか、もっとも新鮮な人間的感動、よろこびを暴力的に奪い去ってしまう。

ぼくはその誤りを見抜いていた。そしてぼくのなかにそれに対する反抗が渦巻いた。それを奪われないように闘った。だが、どうしようもなく非力だった。

“芸術否定”“非芸術”が当面の課題になった

これが青年期の最初の衝撃だった。なんともいえなく暗い、全身をうちひしぐ鈍痛。すべての芸術作品が楽しくない。華麗なモーパッサンはまことに陰鬱《いんうつ》だし、ゴッホの原色は暗く不吉に輝いて見えた。息苦しくて、耐えられない。

芸術についての周囲の発言も納得できなかった。芸術、芸術といって、芸術の名においてみんなごまかしている。

偽りははっきりしている。それなのに、それに対して的確に答えが打ち出せない。芸術、自然、ぼく自身が当面するすべての課題に対してだ。自他の非力に、どうにもならない憤りを覚えた。

ぼくと同時代に出発した画家の多くは、青春期に芸術に憧れ、芸術にこそ美と幸福の源泉があると思い込んでいる。しかも、いまでもその憧れをもちつづけ、絵を愛しつづけているらしい。

芸術の虚無性を知ることのない自他に寛大な彼らは、永遠の幸福者というほかはない。だがぼくは、あまりにも若いときに、それが底の暗いカラッポだということに気づいてしまったんだ。

出発期におけるこの運命的な絶望感は、芸術に突き進めば進むほど、ますます暗く大きくなっていった。それでもぼくは、ひたすらこの道をたどった。

ひとはよく、ぼくの生い立ち、年若くして芸術の本場パリに遊んだ経歴をたいへんな幸運のように言うけれど、ぼくにとってそれは、かえって絶体絶命の条件だった。

久しい間、ぼくは悔いた。芸術の空虚さと己れの非力を残酷に噛みしめながら、しかも絶望的に突き進まねばならなかったからね。

古い芸術形式は歯牙にかけず、そのころパリで台頭した抽象芸術運動に加わり、やがて理論的な抽象主義をのり越えて、新具象主義を唱えた。シュルレアリスムの克服もまた、とうぜんぼくのプログラムだった。

それでもなお、芸術に対する不信と虚無感をどうしても消し去ることはできなかった。それは逃れることのできない、ぽっかりあいた口のように、ますますぼくの前に立ちはだかった。

ついにぼくは芸術自体、美を追究するという営み自体を振り捨てることを決意した。

それまでのぼくは芸術だけを生きがいにしていたし、それひとすじに、馬車馬のように突き進んでいた。そうすることで世の中にお目見得するという、いわば芸術家二世のグロテスクな段取りだ。

それをふり捨てるのは、自分自身、そして世の中に対して、己れを根こそぎ否定することに等しかった。でも、もはやどうにもならなかったんだ。

こうして〝芸術否定〟〝非芸術〟がぼくの当面の課題になった。

じつはそれこそが近代芸術の宿命でありプログラムのひとつなのだが、当時はまったくわからなかった。あとで振り返って、はじめてそれに気づいたんだ。

芸術とは逆の方法に己れを賭けることにした

ぼくはすべてを放棄し、己れ自身を空っぽにした。自分を内から規定していた芸術の営みから反転して、外からつかんでいこうと思ったんだ。そして徹底して客観的・

帰納的な、およそ芸術とは逆の方法に己れを賭けることにした。

ソルボンヌに入って哲学と社会学を学び、そののち民族学に専念した。もっとも即物的で具体的な学問だ。ぼくは新鮮な解放感と充実感をおぼえた。ぶつかってくるそれまでとは別種の課題に、勇気と情熱を感じた。

そのころ、年齢のひらきこそあったが、ジョルジュ・バタイユやジャン・ヴァルなどと親しく交わり、ぼくの情熱の矛盾や、生命力の渾沌《こんとん》に実存哲学的な秩序を示唆されて、激しく共鳴した。

そしてバタイユを中心に、コレージュ・ド・ソシオロジー（社会学研究会）を組織した。そこでは、ヴァル、ジュリアン・バンダ、ド・ルージュモン、ピエール・クロソウスキー、ロジェ・カイヨワ、ミシェル・レリスなど、フランスの新鮮な思想家たちが毎回討論に参加した。まだサルトルなどは出現していない時分だ。

同志のなかでは、「実存的実在（existence existentielle）」が決定的な命題であり、価値観だった。キルケゴールやニーチェが大きく浮き彫りにされ、マルティン・ハイデッガー、カール・ヤスパースがそれぞれひとつの座標として置かれた。

「理論だけの理論」の無意味さ。それがわれわれの意識だった。「共同のエキスペリアンス（経験と体験と実験）」が大事だってね。

じっさいに身をもってそれを体験しようとしたぼくたちは、一定の儀式が必要だ、と考えた。こうして神聖な、おそろしく生真面目な集団的儀式を執り行ったんだ。

ところが、このような実験に加わってみて、ぼくは次元の異なる虚無を発見して慄《りつ》然《ぜん》とした。

それまでぼくは、芸術とは人間の行動のひとつの相だと考えていた。その美学的・感覚的なあやふやさから脱して、じっさいに人間そのものとして全的に生きることが、その虚無感を克服すると確信していたんだ。

全的に生きる——。

それを前提として、実存哲学的な決意を土台に、孤独でない、集団的あるいは社会的な、生きる実験を試みたはずだった。その自他同質的な世界に突破口を求めた。

ところがその実験は意外にも、ぼくに別の、むしろ恐怖的な空虚をもたらした。

——それが何であるか、はじめはわからなかった。

そのころ、アレクサンドル・コジェーヴ教授のヘーゲル精神現象学の研究に参加していたぼくは、その弁証法に激しく動かされていた。ただ観念的な感激、理論的な共鳴ではなく、肉体的にビンビン響いてくる。コジェーヴの名講義は、不可思議な余韻を帯びて、ぼくのロマンティシスムを掻きたてた。

だからぼくは、この感動、興奮をなんとかして生活的にとらえ直そうとした。研究室を出て、それを友だちと語りあい、実践的に問題を提起しあう。だがその瞬間、やはり救いがたい虚無感に襲われるんだ。

仲間たちは、ぼくの情熱に応えて満足のいく返事を与えてくれる。でも、ふたたび現実にかえった途端、同志たちはちりぢりばらばらに別れていってしまう。

ぼくにはそれをどうすることもできない。

ぼくは悲劇的な一匹の蟻に過ぎなかった

ちょうどヨーロッパではヒトラーの険悪な賭博がはじまり、全欧が戦雲にまき込まれる寸前だった。

肌に針が突きささるような緊迫した雰囲気。学問は学問、知的情熱は情熱だが、おそらくそのためだろう、それぞれのっぴきならない、さらに切実で現実的な問題を、彼らはひとしく生活の根拠のなかにもっていた。

ぼくはひとり取り残された。

ようやく夕闇に包まれはじめた大学の中庭で、いちだんと聳《そび》えるソルボンヌ寺院の屋根を見上げながら、ひとりで呆然《ぼうぜん》とした。

そのとき、はっきりわかった。どうしようもない虚無感の意味を読みとったんだ。

オレはここでは生活していない。

お互いに知的な友情や理解はもち得ても、ほんとうにドメスティックな日常生活においで、ぼくはやはり外国人であり、つまりここでは実在者ではなかった。

どんなに心を燃やし、己れを他と対決させようとしても、それは抽象に過ぎない。

実践の社会的場、みなと同質に苦しみ、共通の運命に慄《おのの》く、そういう素朴な生活人としての連帯感は、とどのつまり実感として互いにもち得ない。むしろ彼らは、ぼくよりも、知的生活とはまったく無縁な町の肉屋のオヤジやパン屋のカミサンたちとの方が、現実的に近くつながっている。

はじめてありありと、自分の虚無感の正体がわかった。

ぼくがいままで賭けつづけ、闘いつづけてきたのは孤独においてだった。つまりぼくは、たんなる芸術家、思索者、要するに悲劇的な一匹の蟻に過ぎなかった。そしてその点を、ぼく自身、特権のように考え、疑っていなかったんだよ。

たしかに孤独は人間存在の本質的な一面だ。だが同時に、もうひとつの極には、その根柢を支えている〝泥くさい根源的な現実〟がある。

それとの対決、両者の対極的緊張なしには、芸術も思想もあり得ない。だからぼくは空虚だったんだ。

ぼくは心のなかで叫んだ。日本に帰らなければならない。そしてもう一度、自分を〝日本の泥〟のなかで確かめなければいけない。

たしかに素朴で遅れてはいる。だがぼくのほんとうの役割は、日本の泥、ぼくがそれまで振り返ってもみなかった現実、そのいやったらしさのなかにある。若くして去って以来、ぼくはそれを抽象していたんだ。

芸術はあらゆる他の思想とおなじように、あくまでも現実との対決の上にある。ぼくは十余年の滞仏をうち切り、日本に帰った。とうぜん泥と正面衝突した。久しいあいだ、ぼくはそのなかで練られた。五年間の軍隊生活を含めてね。

もちろん、現実的な、素朴な泥ばかりじゃない。戦後、日本のインテリどもが小《こ》癪《しゃく》にはねとばす不潔な泥もあった。

でもぼくは、ぼく自身の過去のすべての経験を土台に、不退転だった。ぼくの両足はようやく現実にしっかりと踏みつけられ、それに対する自信は芸術への強固な信念になった。ついにぼくは暗い青春から脱して、明朗な人間の全体性を獲得し、より激しく世界観をつらぬきはじめることができたんだ。

ぼくは相手を見やぶった。日本の現代芸術は少しも日本の現実と対決していない。自分の卑俗な生活、環境に妥協し、それゆえのコンプレックスをあたかも切実な現実であるかのように売りものにしている。私小説的ポーズだ。それが日本の文学、絵画、演劇、思想、文化のあらゆる面に沁《し》みわたっている根性なんだよ。

芸術と生活の混同は素朴な自然主義の段階であり、精神の確立、つまり現実との対決がない。それは芸術と生活の堕落だ。

一方はまた奇怪だった。芸術はヨーロッパにしかないような口ぶり、制作ぶりでね。あちらのものを型だけとりあげた、われわれとはまったくかけ離れたモダニズム。さらに現実を公式論的に強調する社会主義リアリズムも、この事実に対してまったく非現実的であり、技術的に無能だ。

こういう無意味なエセ芸術ではなく、われわれ自体の現実から、つまり泥から出て、泥に堕《だ》さず、しかも世界的、歴史的な視野をもった、正しくたくましく明朗な芸術はあり得ないのか。

この現実回避の卑弱さは、一般的な自信の欠如、言いかえれば無責任としか考えられない。

不明朗な私生活の泥にかずけ、一般的な堕落に己れを埋没するのも、西欧先進国の権威をかさに着るのも、ともに無責任だ。しかも個人個人がなんら責任をとらずに権威を構成している。

現代日本文化の変態性だよ。

ぼくが象徴的に権威と対立しつづけ、あたかもぼく以前には芸術がなかったかのように言い放つのは、このような日本的地盤、風土からはなにものも生れないからだ。象徴的な立場をとることによって、新しい世代の旗印となり、そのもりあがり、炸《さく》裂《れつ》に点火する。

絵画制作、生活との闘いのあいまをぬって、日本の現実にメスを突きつけ、しかも過去にさかのぼって「日本の伝統」をとりあげたのもその意図からだった。

いままでの大人たちのように、日本という文化の後進性を限界として意識し、そこにくすぶってしまうんじゃなく、現実に正面から対決すると同時に、世界的、超近代的課題を展開する。

それを明朗な実感として、ぼくは若い世代にぶつけたいんだ。

ただひたすら、まっすぐにスジを通す

戦争前からたくさんの文章を書いてきた。

読み返してみると、よく、こうもつらぬいたものだと我ながらおどろく。発言の場や状況はちがうし、動機、目的、内容はあらゆる分野にわたっているのに――。

芸がないといえばまことに芸がないが、しかたがない。ぼくの目の前にはいつも「運命」があり、それに賭けることだけをやってきたんだから。

〃幾山河《いくやまかわ》〃という言葉があるけれど、そんなふうに登ったり下ったり、左右したりはしなかった。ただひたすら、まっすぐにスジをとおしてきただけだ。ここまで一直線だと、長い年月の時間も、空間も、瞬間にすっ飛んでしまい、いつも変わらない自分がいまもここにいる、それが実感だ。

浮き沈みがあり、苦労のあとが垣間見えるのが人生の妙味であるように思われているけれど、そういうドラマは生命の隠れた奥底でたくましく波打っていればいい。

むしろつらぬいて平気な姿や表情を打ち出すことが豊かさではないのか。自分自身

を振り返って、ますますそう思う。なぜこんなことをあらためて強調するのかといえば、あたりを見るとき、いつも言いようのない憤りを感じるからだ。

時間と場所、状況に応じて言葉と行動をしょっちゅう変えて、辻褄をあわせにいく。あるいは反省してみたり、心を入れ替えたりする。

しかしそのじつは、意識、無意識に時代の大勢をうかがい、迎合しているだけ。そんな風潮、そういう体裁ばかりの群れが、許しがたく不潔に見える。

ところが世間では、そういう者のほうがかえって正統で、道徳的であるように思っている。誠実に自分の非を改めたといって尊敬される。

逆に、シャニムニ自分をつらぬく者は安寧《あんねい》、秩序の敵だとみなす。不遜、変わりもの、異端として、変な眼つきで見る。

こんな背骨のない風潮が幅を効かせているなら、ますますその流れ、波にさからってスジをとおし、つらぬいてやろうと決意した。もちろん心はけっして入れ替えない。

考えてみれば、戦後の出発のときから、現実は少しも進展していないような気がする。新しい世界に転換することを予想し、期待したのだが——。

これからも相変わらず抵抗は根づよく、惰性はつづくだろう。だが突き進むほかはない。希望と絶望はいつでも背中あわせ。それが闘いなのだと骨身にしみる。

終戦のころを思い出す。家は焼け、過去のすべて、青春を注ぎ込んだ作品がみんな消え失せた。これにはさすが気を抜かれたが、逆にさっぱりもした。

まったくなにもないところから生活と闘い、芸術的、人間的に主張をしなければならない。全身がほてり、勇躍した。このむなしい土の上にこそ、と。

社会制度、権威は一変した。軍国的な強権の理不尽な干渉がなくなった。

叩きのめされた日本。いまこそ生活の上に新しい力がわきおこるチャンスだ、芸術・文化がその先頭をきって進むべきだ、と思ったのだが、逆にこの世界だけがひどく反動化していた。

オールド・リベラリスト、戦前の老大家がかえり咲いて、古い体制の鈍重なピラミッドを構成する、無気力な、よどんだ空気だった。

戦争前後、そして占領時代、日本は世界の流れからまったく遮断されていた。文化に関してはまったくの鎖国状態だった。

この惰性をひっくり返して「現代」を生かさなければ、なにごともはじまらない。ぼくは火の玉のように体当たりし、八方に憎まれ口をたたき、暴れだした。生活は惨めだった。

だが芸術は現代を超えるものだ。世界のなかでひらき、革命的に展開しなければいけない。芸術活動をはじめるにあたって、「石器時代は終った」と宣言したのもその信念からだ。

とうぜん否定された。まったくのひとりぼっち。こんなことで食っていけるとは、とうてい思えなかった。

が、食えないことを決意しないで生きていたってなんの意味があるか、と自分を追いつめた。もし人間に生きる秘訣があるとすれば、自分自身をむしろ生きられない場所に追い込むことだと思う。そうすれば新鮮に生きられる。

反時代的に対決する。それが生きがいだった

ぼくは十八の年から十余年間をパリに暮らした。その間、たまに手紙を書く以外は、いっさい日本語の読み書きをしなかった。そのころは自分が文章で闘うなんて考えたこともなかったし、そんなことができるとも思っていなかった。

ところが、言わなければならないことばかりなのに、周囲にはまったく発言がない。時代に対応する新しい芸術の問題を、一般はもちろんインテリもまったく知らないようだった。だからシャニムニ書いた。書かざるを得なかったんだ。

現代芸術の本質的な流れ、課題など、躍起になって論じても嘲笑された。「アヴァンギャルドなんて、そんなもの、戦前の話だよ」という調子でね。そういうなかで実作を突きつけ、論争し、説得しようとした。

芸術・文化運動の手榴弾としてギリギリの気持ちで文章を叩きつけた。

画文集『アヴァンギャルド』をはじめ、その時代の古い原稿には、そういう抵抗感と苛立たしさが満ちている。生硬《せいこう》だが、それだけにいっそうその時代のド真中で歯ぎ

しりしている自分の姿がよみがえってくる。

なぜあんなに性急に、戦闘的に食ってかかっているのか、いま考えるとひとり相撲だったような気もするが、あのときにはそれが必要だったんだ。じっくり説き伏せるとか内容の説明などはむしろ邪魔で、叫ぶこと、ショックを与えることだけを考えていた。

絵描きが文章を書くことは、職能上はあきらかにマイナスだ。欧米でもそうだよ。画壇は世界的に古色を帯びている。黙ってこの道一筋、絵だけ描いているほうが大事にされる。随筆程度ならともかく、評論家の縄張りを犯すようなことをやりだしたらおしまいだ。時間をとられるうえに、すべてを敵にまわすことになる。

それを承知で、ぼくは書かずにいられなかった。

「ピカソへの挑戦」「ピカソをのり越えている」とか、「芸術はうまくあってはいけない、きれいであってはならない、ここちよくあってはならない、それが芸術の三原則だ」などと人々の気にさわることを言い、価値転換を試みた。

「岡本太郎」を主張しすぎるという点でも嫌われた。論旨に賛成のひとの多くも、それゆえに敬遠した。

この国ではみなたいへん誠実に「だれかがやらなければいけない」とは言う。でも「自分がそうだ、オレがやる」と言ってはぶちこわし。そういう態度は不遜であり、常識に反するらしい。

その後、講和条約をきっかけに外の世界の空気がどっと流れ込んできた。一転してモダニズム氾濫の時代になった。

それまで古いドテラを着込んでいたような連中が、臆面もなくニューモードを装いはじめた。芸術はパリ、ニューヨークにしかないような顔つきで、あちらの流行を追っかけること、ひとより早く仕入れることが勝負、という具合にね。

今度はそういう近代主義と闘わなければならなかった。流れに安易に乗っかってしまう風潮に、反時代的に対決する。それが生きがいだった。

現代社会においては、いつでも周囲はリアクションとして働く。それに対してぎりぎりに根源的であり、素朴なアクションとして自分を堅持しなければならない。

この国の風潮が国際的モダニズムに色あげされていけばいくほど、日本の状況の特殊性、生きる情熱の根源にある反世界的なパティキュラリティが意識される。

それをつらぬく必要を痛感した。

自分が自分自身になりきらなければ、永遠の旅行者になってしまう

「日本」——ぼくにとっての絶対的なモチーフだ。

ぼくのいう「日本」の意味を明確に伝えておこう。

若いころ、ぼくは「日本人」であるよりも「世界人」であればいいと思っていた。

将来、世界はますます同質化していくだろう。人間として、世界人として、とうぜんおなじ問題にぶつかる。日本、フランス、アメリカなどという特殊な意識、枠にこだわることは無意味だし、バカげている。すみやかに世界人になりきることが人類の夢であり、理想だ。そう考えていたわけだ。

「国家主義」が嫌いだった。どこか非本質的であり、押しつけがましく排他的だ。

思いあがった観念の欺瞞《ぎまん》。そんなものは人間の歴史のなかで、比較的新しくデッチ

あげられた枠に過ぎない。

もちろん歴史的に、また風土・環境による民族の特性はある。しかしそれは世界内のニュアンスに過ぎないものとしてあるべきだろう。東京人も大阪人もいずれも日本人であり、共通の連帯のなかに生きていながら、生活のニュアンスはくっきりちがっているようにね。

さらにそのニュアンスもまた、やがては過去の思い出に過ぎなくなり、地域、階級、人種を超えた世界的世界が実現するにちがいない。そう思っていた。

ぼくはパリに暮らし、世界のあらゆる文化圏に通じるキャルフール（十字路）、さまざまな思想が交錯し融合する場所で、世界人になりきろうと努力し、それを実践したつもりだった。

よりひろく世界観をひろげたいと思い、西欧近代ではない別の視点を見出すために、アフリカ、オセアニアその他の始原的な文化についても学んだ。ソルボンヌで民族学を専攻したのはその意図からだった。

芸術の上では、そのもっとも端的な実践となり得る新しい形式に取り組み、一九三

○年代の抽象芸術運動に参加した。それは国境とか人種などという狭い偏見を超えた、まったく世界的な視野に立つ芸術表現だ。
しかし、そういう努力をすればするほど、意外な疑問が心を揺さぶりはじめた。世界的であり、したがって一般的な問題にシャニムニ突っ込んでいきながら、ぼくは一種の空虚感を自分の底に見出さずにはいられなかったんだ。

世界を見ようとすると、逆に自分の目を凝視してしまう。じっと自分の奥深くを見つめると、やがてそれはとうぜん自分を生育し形成した特殊な諸要素につながらざるを得ない。

ぼくはあきらかに「日本人」だ。そんなあたりまえのことにいまさらながら愕然とした。

いうまでもなく、それは日本主義とか国粋主義とは遠く、むしろ正反対のものだ。日本人としてのパティキュラーな存在の自覚。その特殊性を徹底的につかまない限り、世界を強く、実体的に見返すことはできない。

自分が自分自身になりきること。でなければ「世界人」のつもりでいて、じつは空虚なコスモポリタン、根を失い浮きあがった永遠の旅行者になってしまう。

先入観なしに、鏡のなかに自分を発見する

日本を、そして自分の根源を知ろうという情熱は、滞仏生活を切りあげる動機の大きなひとつだった。

戦後、ぼくは芸術活動の合間をぬって、日本の隅々まで歩きまわった。民族のなかに秘められた文化の独自の表情を捉えたい。そこには自分自身を手探りする、初々《ういうい》しいよろこびがあった。

ナショナリズムや民族主義などという観点からではなく、もっと肉体的に自己の神秘、その実体を見つめたいとぼくは考えている。世界内の同質化、ジェネラリゼーションが拡大していけばいくほど、逆にパティキュラリティも異様な底光りをみなぎらせて生きてくるような気がしてならないからだ。

その神秘は世界という対極的ポイントから見返し、見返されるべきであり、あかる

くも映し、暗くも映すその鏡に、現前した人間像を見つめること。

先入観なしに、鏡のなかに自分を発見すること。

だれもが自分の民族の欠点、長所について自分自身の恥であり誇りであるように敏感だ。ぼく自身、民族と己れを同一視したいとの感情がはたらく。だがそういう判断はいつでも外に対しての姿だ。

とうぜん多くの場合、歪められている。たとえば今日、日本人が誇りにしている近代的生産とその成長。あるいは恥と考えている、個性が弱くものがはっきり言えないこと。だがその価値基準はあくまで西欧近代のものだ。

近代化とはすなわち西欧化だった。

近代資本主義の発達とともに植民地主義が世界を征服し、西洋のつくりあげたシステム、考え方、文物が地球のあらゆる地域にひろがった。わずか数世紀のあいだに、アジア、アフリカ、中南米という異質の世界までも包み込んでしまった。

大戦後にようやく植民地が目覚め、民族独立の動きが活発になったが、それさえ西欧近代思想が孕んでいた矛盾の運命的帰結であり、西欧的世界歴史の延長と考えることもできる。西欧的意識のもとに近代に目覚めた国家群、民族群。

しかし、そういうことは政治の面だ。ぼくが考えたいのは、その奥に隠されたものにある。外側は政治、経済、科学など、スムーズにどんどん近代化されている。しかしよく見れば、そういう表皮にごまかされて、はっきり問題としてとりあげられていない別の面＝精神がある。そしてそれは、あらゆる場所、民族、人間のなかにある。日本はその目覚ましい発展によって、極東ではなく極西だなどと言われている。だが深く突き進めてみると、内部には日本人自身にさえわかっていない矛盾を秘めている。

近代主義によって歪められ、変態的な形でしか顕《あらわ》にならない本質——だれもが心の奥底ではその矛盾に傷つき、苦しんでいながら、気がついていない。

もし現代日本に歎《なげ》かわしい面があるとしたら、それは街の混乱だの公衆道徳の欠如だのという現象的なことではなく、そうした矛盾を日本人自身が明確に捉えていない、そのほうの混乱だろう。

運命に応じて、己れの生き方、生きがいを発見していけばいい

だいたい日本人ぐらいひとの目を気にする国民はないよ。

自信を感じるときもダメだと思うときも、さらには自分がどうするかを決めるときでさえ、自分自身を土台にしないで他人の眼を意識する。

ひとに認められたり褒められたりすれば自信をもち、「おまえダメだ」と言われるとペシャンコになる。

道徳的なことでも、判断したり行動したりするときでも、ひとの眼をおもんぱかって、ひとがどう思うだろうかと真っ先に考える。要するにひとの判断で動いているってことだ。世界のどこを見ても、アジアの後進国とされる国だって、日本人ほど他人の眼を気にして自分を制約しているところはおそらくないね。

だれを尊敬するか、でさえそうだろ？　みんなが尊敬し、偉いと思っているひとを尊敬する。

もちろんぼくはちがうよ。みんなが偉いと思っているかどうかなんて、まったく関

係ない。

ぼくが尊敬するのは、応えて欲しいことに、自分の人生をかけてピシャッと応えてくれるひとだ。一生懸命考えてぶつかっているひと。偉くなくたっていいし、肩書なんかなくていい。

日本人は、偉いと新聞雑誌に書かれたり、立派な階級や肩書があるひとを尊敬する。そうしていれば安心だからね。でも「安心だから尊敬する」なんて尊敬の仕方をしてたんじゃ、ちっともこちらの薬にはならない。

そういうところが、つくづく日本的なつまらなさだと思うね。

文化や芸術の問題にしてもそうだ。たいていは欧米先進国を目標にしているし、そこに達しているかいないかを基準に価値判断をしたり、批判の対象にしたりする。自覚やプライドも、すべてそれを土台にしている。それが大きな歪みになっている。

パリやニューヨークに比べていかに東京、大阪の街が汚いか、公徳心がないかをさかんに唱え、フランス人やアメリカ人の思想家、科学者がいかに偉大であるかを必要以上に拡大して敬う。そうしながら、それと自分を比べてコンプレックスを抱く。

多くの日本人はパリを見たわけでも、アメリカ人と寝起きしたわけでも、イギリス人と熱論を戦わせたわけでもない。それなのに、いつも向こうが基準なんだ。

そういう考えをもっているあいだは、日本文化は希薄になるし、日本人の生き方も希薄になる。

一方で、そう感じた瞬間にその精神がひっくり返ると、今度はヘンな〝大和魂〟とか〝神国日本〟みたいな、神がかったことが頭をもたげてくる。

けっきょく、おなじなんだ。そういうものをひっくり返せば西洋崇拝になり、西洋崇拝を逆にひっくり返すと国粋主義になる。

そういうことから自由になって、もっと平気で生活しなきゃダメだ。ぼくたちはなにもイギリスとかフランスとか日本とかっていう枠で生活しているんじゃなくて、自分の精神、己れの人生観を土台に生きている。

たまたま日本という枠、イギリス、フランスという枠があるってだけで、そんなのは次の段階で考えるべきこと。欧米並みの生活をするなんてことは、日本文化の目的じゃない。

どんなに貧乏でも、いかに小さい場所であっても、片隅だってかまいやしない。充実して生きるってことが生きることの素晴らしさなのであって、それこそが文化の意味だ。

どこでどんなふうに生きなければほんとうの生き方じゃない、なんてことはない。そのひとの運命に応じて己れの生き方、その生きがいを発見していけばいい。なにも大層な肩書をもった〝偉いひと〟になんかなる必要はないんだ。

広く考えれば世界だってそうだ。なにも日本人がニューヨーカーみたいな生き方を東京でやる必要はないし、パリみたいな生き方をする必要もない。なんでもかんでもニューヨーク、パリ、ロンドンを基準に考えるなんて、まちがっている。

そもそも人間の生き方に本場なんてものはないんだ。フランス的な生き方はフランス人がやってるだろうし、イギリス的な生き方はイギリス人がやっている。おなじように日本的な生き方だってあるはずだ。

文化の基盤になるのは、けっきょくは自分自身だ。やたらに向こうのものがいいと思う必要はないし、だからといって排他的になる必要もない。与えられた運命に対して、懸命に、積極的に生きること。それだけだ。

むしろあまり恵まれた場所にいないほうが、かえって素晴らしい生きがいを感じることができると思う。ぼくは欧米の中産階級の退屈さをよく知っているからね。

日本人には退屈する暇なんかないけど、それをもう少しプライドをもった方向にむけて生きがいをつかんでいけば、こんなにおもしろい立場はないと思う。日本の生活者の消極的な混乱を逆手にとって、そこから生きがいを見つけていけば、きっとおもしろい文化が生まれる。

プライドをもたず、欧米のほうが優っているにちがいない、それはしょうがないことだ、とはじめから諦めてしまうのは、形式主義に陥っているからだ。向こうの型をそのまま受け取り、その格好をすればプライドが満たされたと感じるわけだね。

でも、そんなことをしても空虚だと思わないか？　形だけなんだから。

いちど向こうの真似をすると、次もまた真似をしなければ格好がつかなくなる。婦人服のモードなんかが典型だけど、まあそれはいいとしても、精神の面、つまりものの考え方や生き方までがそうなってしまうのは、いかにもバカバカしい。

自分がやりたいことをやる。ひとに迷惑は掛けない。それでいいじゃないか。

ぼくは抵抗しつづける。その決意はますます固い

うわべの近代的合理主義、つるりとした画一的な表情と、それに納得していない民族の肉体。その奥底に光をあて、今日の問題として提起したかった。『日本の伝統』『日本再発見』『神秘日本』など一連の著作はその実践だ。

たとえば中世日本庭園の構成法。古くさい趣味人、風流人だけの占有物になっている庭だが、現代の目で見返すと、独自の、尖鋭な「矛盾の技術」を発見できる。その深い洞察と哲学に驚く。

あるいは地方の素朴な生活のなかで、いまなお守られている神秘的な民俗行事の数々。それらは仏教以前の原始信仰の姿を響き伝えている。

沖縄では素肌のままの日本の原型質とでもいうべきものを見出して感動した。神が降臨するもっとも神聖な場所である御嶽《うたき》。まったく変哲もない森のなかの小さ

な広場で、中心にはただの石ころが二つ三つ、落葉に埋れてころがっているだけだ。祭壇も偶像も呪術的な象徴も、なにもない。かえってそこに強烈な神秘を感じとった。高度な世界宗教でははかることのできない独特な信仰の姿だ。それはまた、未開社会の原始信仰ともなにか質のちがう、あえて言うなら、きわめて日本的な神聖感につらぬかれた無垢な信仰だ。それが素肌のままに生きている。

勤勉で、無邪気で、好奇心の強い日本民族は、さまざまな文化を学びとり、みごとに自分のものにした。あらゆる文化形式の、歴史的にも食いちがう幾つもの層がぶつかりあい、積み重なっている。まことに奇妙な、世界でも稀にみる複合文化だ。その惰性と混乱の渦のもとで、しかしマギレもなく生きている。そこには日本人独特の清らかな生命感がある。

一見もろくて非論理的であり、今日の世界に通用しにくいけれど、現代日本人の思考やモラルを深い底で動かしているのはそれだ。

ひとつの民族は固有の暗号をもっている。いわば民族の秘密みたいなものだ。

それによって言葉なくお互いが理解しあう。それは隣人愛だとか同志的結合だとか、またその逆の人種差別、排他主義といったような、単純な枠で割り切れない、もっと根深い神秘。鳥や動物の群れが、外には見取れない暗号を発し、瞬間に解読され、伝わり、群れとして行動するが、そのように敏感で、効果的なものだ。とくに日本のような島国の同質的な世界のなかで、長いあいだ純粋に生きぬいてきた民族には、無言の言葉の役割は強い。

それは見えない暗号でありながら、生活的には形や色となって表現される。そのモチーフは言葉では説明のしようがない。こういう無言の地点から民族の文化・芸術を理解すべきだ。

危険なのはそれが形式化し、一種のムードとなって、秘密の言葉ではなく、あらわな合言葉になってしまうこと。世界的に通用している「ゼン」だとか「シブイ」だとかいう神秘主義がそれだ。

もう世界語になっている。だが実体をぬいてしまったそれは流通語であって、少しも神秘ではない。

堕落した趣味性。われわれ日本人にとっては、すでに無効だ。だが自信のない日本人はそういう他人の評価に寄りかかりたがる。その傾向が強いところが、現代日本のつまらなさだ。

世界という一般的な極大概念に対立するパティキュラリティと生きがい。

「世界」に対する「日本」。

それは端的にいえば、日本という通念やパターン、その一般的惰性に孤独で対決する人間像だけがつかみ取り、確立するものだ。

手を握りあいながらも、それぞれが相互に理解をこえた神秘の存在。そういう人間群の壮大な輪をぼくは夢見る。

これからもぼくはあらゆる形をとって抵抗しつづけるだろう。

文章に打ち出しているのはもちろん文字だけだが、ぼくの場合、言葉と行動はいつでも一体であり、生活全体だ。

いままでの歩みを振り返って慄然とするが、ますます決意は固い。

構成者の言葉

岡本太郎という生き方

平野暁臣

岡本太郎はいつでも素っ裸です。
どんなときでも、だれが相手だろうと、思ったことは言う。言ったことはやる。
保険をかけず、計算もしない。
己れのスジをそのまま突き出す。
薄っぺらな説教でとり繕うことも、抽象観念で煙に巻くこともありません。
いつも直球ド真ん中。
中途半端にごまかさないので、たしかにきびしい。
でも太郎の言葉には、ナマ身の人間の温かさとやさしさがあります。
〝岡本太郎〟が血肉化した声が、時空を超えて語りかけてくる。

まるで目の前で話してくれているみたいに聞こえる。
だから、いまを生きるぼくたちにまっすぐ届くのです。

・

太郎は生涯をとおしてたくさんの著作をのこしました。
多くは復刊されていますが、いまでは読めなくなったものも少なくありません。
このまま闇に葬るわけにはいかない。もう一度みなさんに送り届けなければ……。
『自分の中に毒を持て』『自分の運命に楯を突け』につづく第三弾として、
若いひとたちに〝岡本太郎という生き方〟をぶつけたい。
そう考えて、古い書籍や雑誌をめくり、講演やラジオのテープにかじりつきました。
再録した文章の過半は、半世紀以上前に書かれたものです。
驚くことに、ちっとも古くない。
それどころか、いまの時代にこそ必要な提言であり、指針です。

・

己れを信じ、己れをつらぬき、己れを突き出せ。

太郎はそう言います。
わかるけど、オレにはとても真似できそうにない。
そう思われたかもしれません。ぼくだってそうです。
でも太郎は「スーパーマンになれ」と言っているわけじゃない。
太郎自身がスーパーマンだったわけでもありません。
〝キミはキミのままでいい。弱いなら弱いまま、誇らかに生きてみろよ〟
そう言っているだけです。そうやって生きたのが岡本太郎なのです。
太郎はけっしてバーチャルではありません。ナマ身の実体、リアルな現実です。
それとどう向きあっていくか。
いかにして〝岡本太郎〟を体内にとり込むか。
これほどスリリングでおもしろいテーマは滅多にありません。

出典一覧

【単著】

「私の現代芸術」 新潮社 1963

「岡本太郎の眼」 朝日新聞社 1966

「今日をひらく —太陽との対話」 講談社 1967

「原色の呪文」 文藝春秋 1968

【寄稿】

『藝術』（現代教養講座２ 幸福と自由』角川書店 1957）

『芸術家とはどういう人間か』（「現代文学講座Ｉ」飯塚書店 1958）

『創ること・味わうこと』
（「現代女性講座８ 生活のたのしみ」角川書店 1960）

『純粋な若者は暗い』（「野に呼ばわる人の声（3）」野口亮 1965）

『老いない論 —爆発するいのち』（「朝日ジャーナル」1972）

【講演】

『もう一度見直そう』（1963）

『タイトル不明』（1971）

【放送】

『私の人生』（NHK ラジオ 1970）

『限りなき青春論』（NHK ラジオ 不明）

岡本太郎（おかもと　たろう）
芸術家。一九一一年生まれ。二九年に渡仏し、三〇年代のパリで抽象芸術やシュルレアリスム運動に参画。パリ大学でマルセル・モースに民族学を学び、ジョルジュ・バタイユらと活動をともにした。四〇年帰国。戦後日本で前衛芸術運動を展開し、問題作を次々と社会に送り出す。五一年に縄文土器と遭遇し、翌年「縄文土器論」を発表。七〇年大阪万博で太陽の塔を制作し、国民的存在になる。九六年没。いまも若い世代に大きな影響を与え続けている。『今日の芸術』（光文社）、『日本再発見』『神秘日本』（角川ソフィア文庫）、『強く生きる言葉』（イースト・プレス）、『自分の中に毒を持て』『自分の運命に楯を突け』（青春出版社）ほか著書多数。

平野暁臣（ひらの　あきおみ）
空間メディアプロデューサー／岡本太郎記念館館長。一九五九年生まれ。岡本太郎創設の現代芸術研究所を主宰し、空間メディアの領域で多彩なプロデュース活動を行う。岡本太郎関連では「明日の神話」再生プロジェクト、生誕百年事業・ＴＡＲＯ一〇〇祭のゼネラルプロデューサーを務めた。『万博の歴史』『大阪万博』『岡本藝術』（小学館）、『才能だけでは、つくれない』（美術出版社）、『プロデュース入門』（イースト・プレス）ほか著書多数。

本文デザイン　田中彩里

青春文庫

自分《じぶん》の中《なか》に孤独《こどく》を抱《いだ》け

2017年 4月20日　第1刷
2025年 3月15日　第10刷

著　者　岡《おか》本《もと》太《た》郎《ろう》
プロデュース・構成　平《ひら》野《の》暁《あき》臣《おみ》

発行者　小澤源太郎

責任編集　株式会社プライム涌光

発行所　株式会社青春出版社

〒162-0056　東京都新宿区若松町 12-1
電話 03-3203-2850（編集部）
03-3207-1916（営業部）
振替番号　00190-7-98602

印刷／大日本印刷
製本／ナショナル製本
ISBN 978-4-413-09669-0